Charles II
Jacob Abbott

查理二世
斯图亚特王朝复辟与开明统治
全景插图版

[美]雅各布·阿伯特 著

刘彦峰 译

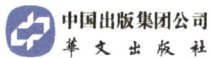

图书在版编目（CIP）数据

查理二世/（美）雅各布·阿伯特（Jacob Abbott）著；刘彦峰译.—北京：华文出版社，2018.4（2020.10重印）

（美国国家图书馆珍藏名传）

ISBN 978-7-5075-4886-0

Ⅰ.①查… Ⅱ.①雅… ②刘… Ⅲ.①查理二世（Charles Ⅱ 1630-1685）-传记 Ⅳ.①K835.617=332

中国版本图书馆CIP数据核字(2018)第062115号

查理二世

作　　者：[美] 雅各布·阿伯特
译　　者：刘彦峰
选题策划：盛世华章
插图供应：18629596618
责任编辑：胡慧华
出版发行：华文出版社
社　　址：北京市西城区广外大街305号8区2号楼
邮政编码：100055
网　　址：http://www.hwcbs.com.cn
电　　话：总编室010—58336239　发行部010—58336267
　　　　　责任编辑010—58336197
经　　销：新华书店
印　　刷：北京画中画印刷有限公司
开　　本：880×1230　1/32
印　　张：9.75
字　　数：163千字
版　　次：2018年5月第1版
印　　次：2020年10月第2次印刷
标准书号：ISBN 978-7-5075-4886-0
定　　价：46.00元

版权所有　侵权必究

出版说明

《美国国家图书馆珍藏名传》共22册，作者是美国著名历史学家、教育家雅各布·阿伯特。他以独特的视角研究公元前7世纪到公元18世纪两千五百年的世界史，最后写出了这套影响深远的人物传记。读者能通过阅读这些风云人物，更好地理解那段历史、那段时光，这是我们出版这套书的最大良善。为更好地使读者全面了解该丛书，现作如下说明：

一、关于版本。据不完全统计，这套丛书的英文版多达上百个。其中，以哈珀兄弟出版公司于1904年出版的版本最具代表性和权威性。本丛书正是根据该版翻译而成，以保证版本的质量。

二、关于插图。这些人物距现代已经很久远了。读者可能会问：他们长什么样子？穿什么衣服？仗是如何打的？外交是如何谈的……为了让读者更形象地了解当时的历史，我们精心为各书选配了约百幅插图。这些插图包括但不限于油画和版画。我们希望，通过品味插图的艺术之美，读者获得一种不是穿越胜似穿越的强烈体验，从而更好地对当时的风土人情有更直观的体察。

三、关于注释。为了确保内容的正确性、权威性，版权方进行了大量的考证工作。考证的结果以注释的形式体现。另外，内文中很多涉及地图的地方，我们尽量尊重作者，尊重历史，保存原貌，如有出入，请读者认真分辨。

四、关于译者。本丛书由多所大学的一线英语老师及教授翻译而成。各位老师治学严谨，文笔优美，为确保丛书的质量奉献良多。在此，深表敬意。

尽管出版前我们做了许多工作，但不足之处实难避免，欢迎读者朋友多提宝贵意见。

译者序

本书作者是雅各布·阿伯特（1803—1879），他出生于美国缅因州哈罗威尔，19世纪美国著名的传记作家。他一生独著过一百八十多部作品，与他人合著过三十一部作品，可谓多产。在这些作品中，最为著名的非这套22册的"美国国家图书馆珍藏名传"丛书莫属，丛书脍炙人口，流传至今。《查理二世》是丛书中的一册。

查理二世是英格兰国王查理一世之子。他的母亲是法王路易十三之女亨利埃塔·玛丽亚。她是一位虔诚的天主教徒，查理二世受她的影响很深。我们知道，查理二世复辟成功了。然而，信奉新教的大臣们对这位"宗教倾向不明"的君主心存芥蒂，处处防备。毋庸置疑，查理二世时代，英格兰的宗教矛盾十分突出。尽管查理二世的开明统治和隐忍没有使宗教矛盾演变为内战，但宗教矛盾仍然日益恶化。查理二世驾崩前，他还是皈依了天主教，并将王位传给他的弟弟，也就是后来的詹姆斯二世。詹姆斯二世同样深受母亲的影响。与哥哥查理二世相比，他登基前就皈依了天主教。因此，查理二世时代积累的宗教矛盾，最终在詹姆斯二世时代全面爆发。在风卷残云的光荣革命中，詹姆斯二世失国逃亡，从此来自苏格兰、入主英格兰的斯图亚特王室逐渐退出了历史的舞台。

查理二世还是王子的时候，国内矛盾十分突出，王权与议会的斗争非常尖锐。内战爆发后，查理一世让查理王子去英格兰西部担任名义上的统帅，指挥王军作战。局势恶化后，查理王子不得不逃离了英格兰。他渡尽劫波，终于逃到法国与母亲会合，开始在欧洲流亡。他的父亲被处决后，他与母亲的处境日益艰难。为了改善处境，为了积累复国的力量，他打算娶法国王室贵胄、富有的安妮·玛丽亚为妻。但他受尽嘲笑、揶揄，最终未能得偿所愿。

后来，为了复国，查理王子回到了支持王室的苏格兰。苏格兰当局有条件地为他加冕。从此，他成了查理二世。次年，为了夺回英格兰，查理二世率军南进。尽管他的军队尽了全力，但他在伍斯特战役中还是一败涂地。之后，查理二世历经劫难，死里逃生，再次登陆法国，继续颠沛流离的艰辛的流亡生活。

1658 年，克伦威尔死后，英格兰的政治格局失去了平衡。查理二世的机会来了。经过苏格兰的蒙克将军的巧妙安排与斡旋，查理二世和平复国了。现在，查理二世大权在握，再也不是当初那个灰头土脸的流亡王子了。他的婚姻再也不必通过乞求的方式得来了。他有了充分的自主选择权。在婚姻方面，他是非常理智的。他没有把个人的爱情放在第一位，而是把国家利益放在第一位。最后，他决定迎娶葡萄牙公主凯瑟琳，因为与凯瑟琳结婚，他获得的利益最大。他不仅获得了大笔财产，还得到了许多葡属海外领地，其中就有著名的果阿。

查理二世如愿以偿了，但他欺骗了一名纯情的少女——那个为了爱情而远赴异国的美丽公主凯瑟琳。婚后，凯瑟琳王后遭到查理二世的长期冷落，犹如守活寡，而查理二世继续与自己数不清的情妇们打情骂俏，纵情享乐。

查理二世不是昏君。他心里明镜似的，斯图亚特王朝虽然复辟了，但只是迈出了长治久安的第一步。他要做的就是竭尽全力缝合社会的裂痕，缓和君权、臣权与民权之间的矛盾。于是，务实的他采取了开明统治。他不主张重典治国，主张宽容治国。久而久之，那些仇视王权的敌人放下了戒备，重新靠近了君主。社会的裂痕逐渐缝合了，政治格局逐渐平衡了。

然而，查理二世的内心世界到底是什么样子呢？虽然我们无法尽述，但从他驾崩前皈依天主教这个事实来看，他执政时支持英国国教，不是他的真实意愿，而是他与俗世不得不妥协的痛苦选择。显然，当他终于皈依天主教时，他内心与外在世界彻底切割。他获得了救赎和解脱，但英格兰的宗教矛盾最终激化，于是本文开头的那一幕上演了……

刘彦峰

于天水师范学院

原 序

丛书的作者笔触严谨，即便是对细节的描述，也力求尊重史实。现在，只要仔细查阅事发当年的年鉴，就能发现，作者对一系列事件的记述，不是基于历史的传说，而是历史本身，对史实的描述，没有任何修饰和偏差。在撰写这些书的时候，作者尽量利用全国范围内所能找到的最好的信息来源；当然，尽管在这些书中，和其他所有历史题材的书籍中一样，多多少少难免会有这样或那样的不足和错误，但绝对没有故意的修饰。

书中所述，即使是淋漓尽致的细节描写，也绝不是凭空想象，全都依据公认的，权威的历史学家或典籍。因此，请读者放心，书中讲述内容全都属实，也唯有史实，只要本着诚实的目的，认真的态度，就能行之有效地查明真相。

目 录

第一章 　查理小时候 ··· 001

　　查理二世——王太子——早年遭受巨大磨难——亲历灾难——亨利埃塔·玛丽亚——查理王子之母——公众仇恨的对象——查理王子降生——小王子洗礼——英格兰宗教与政治冲突——王后被剥夺抚养权——日益尖锐的冲突——苏格兰叛乱——查理一世出征平定叛乱——亨利埃塔·玛丽亚挺身救子——国王凯旋

第二章 　查理王子之母 ······································· 025

　　和平幸福假象——王后的谏言——苦等——王后心腹之交卡莱尔夫人的背叛——功亏一篑——王后只身离开英格兰——夫妻离别——王后在荷兰进行物资筹措——两度冒死与丈夫会合——国王境况好转——夫妻双方的分歧——王后的改变——有效援助——国王挺进牛津——再次夺取伦敦的宫殿和堡垒——国王召集议会——两个政府、两个议会——陷入分裂、混乱状态

第三章 　亨利埃塔王后的抗争 ······························· 049

　　乌云和黑暗再次席卷而来——议会重新招募军队——奥利弗·克伦威尔登

上历史舞台——所向披靡、战无不胜——危机四伏——王后离开牛津——举步维艰——王后的磨难——埃克塞特被围——无奈之举,弃子而逃——死里逃生——侏儒杰弗里·哈得逊——奇特的相识经历——誓死护佑王后周全——穿越达特姆尔森林——彭德尼斯城堡求救——巧遇荷兰船舶——海上遇险——涉险脱身——巴黎安身

第四章 | 孩子们的逃亡 ·················· 069

身处险境的孩子们——国王成功阻止艾塞克斯占领埃克塞特——父女相认——亨利埃塔·安妮小公主乔装打扮——母女重聚——查理王子从英格兰逃离——穿过康沃尔郡——在泽西岛登陆——长途跋涉抵达巴黎——隆重的接待——詹姆斯设计出逃——前往荷兰——与奥兰治亲王及姐姐会合——小亨利和伊丽莎白的境遇——留在英格兰,无法脱身——与父亲的诀别——伊丽莎白的悲惨命运

第五章 | 查理王子在巴黎的岁月 ·················· 089

查理王子到达巴黎之后的处境——小路易王子——枫丹白露——盛大婚礼——安妮·玛丽亚——亨利埃塔的盘算——查理王子的礼遇——安妮·玛丽亚眼中的查理——与王子的交往

第六章 | 与安妮·玛丽亚谈判 ·················· 109

查理一世被处死——查理二世成为英格兰和苏格兰的国王——法国皇室家族与政府和巴黎的人民之间严重的矛盾——引发暴动——王室成员连夜出逃——安妮·玛丽亚以别人遭受的恐惧,困难和艰辛进行自我娱乐——国王查

理谋划重新执掌大权——海牙私人参议会和朝廷——政治计划——查理向安妮·玛丽亚提婚——安妮·玛丽亚的抉择——贡比涅不幸的晚宴——悬而未决的婚事

第七章 博斯科贝尔的皇家橡树 ……………… 133

查理准备远征夺取王位——孤注一掷——与苏格兰政府签订协议——克伦威尔向苏格兰宣战——苏格兰告急——越过边境进入英格兰——与克伦威尔正面交锋——查理奋力挺近塞文河畔——盛大游行、巨大欢呼声中查理被拥立为王——战争继续恶化——国王身处绝境——慌乱逃窜——博斯科贝尔——彭德尔兄弟竭尽全力救国王——马迪利小镇遇险——重返博斯科贝尔——片刻的舒适生活——皇家橡树

第八章 国王逃至法国 ……………… 163

一张前往布里斯托尔的通行证——查理乔装男仆准备出逃——二次乔装——九死一生——波普老仆心生疑虑——波普守口如瓶、给予帮助——威尔默特勋爵——莱姆港——查茅斯码头遇险——满载着煤的小船——设计改变航线——法国海岸近在咫尺——虚惊一场——成功上岸

第九章 斯图亚特王朝复辟 ……………… 183

国王的新烦恼——身在巴黎——努力寻找摆脱败落命运的办法——查理和母亲意见分歧——离开巴黎前往荷兰——克伦威尔之子理查德——议会重掌大权——议会与军方的冲突——兰伯特——蒙克将军的谈判——国王的声明——国王复位

| 第十章 | 婚姻 ··· 203 |

逆境期间——亨利埃塔王后与葡萄牙公主的谈判——海军大臣詹姆斯护送母亲回英格兰——迎接母亲的壮观景象——盛大宴席——葡萄牙公主凯瑟琳——公主的嫁妆——婚姻与经济、政治利益——谈判——虚伪的查理——迎亲盛况——卡斯尔梅恩夫人

| 第十一章 | 品性与统治 ··· 229 |

凯瑟琳到达汉普顿宫——凯瑟琳与卡斯尔梅恩夫人的明争暗斗——查理国王蛮横品性——众人开始反对王后——傲慢专横的卡斯尔梅恩夫人——查理国王的放荡与堕落——瘟疫——大火——荷兰入侵——提图斯·欧茨主教阴谋——实验、女人、狗和嬉戏

| 第十二章 | 临终前皈依天主教 ····································· 267 |

可怕的罪孽——幼年母亲的影响——儿时的回忆——死亡症状突然袭来——中风——国王处于昏迷状态——白厅呈现出一片混乱——国王躺在病榻上懊悔不已——天主教圣礼——精神上的解脱——短暂的快乐——停止呼吸

| 附　录 | 专有名词汉英对照 ····································· 291 |

##

查理小时候

精彩看点

查理二世——王太子——早年遭受巨大磨难——亲历灾难——亨利埃塔·玛丽亚——查理王子之母——公众仇恨的对象——查理王子降生——小王子洗礼——英格兰宗教与政治冲突——王后被剥夺抚养权——日益尖锐的冲突——苏格兰叛乱——查理一世出征平定叛乱——亨利埃塔·玛丽亚挺身救子——国王凯旋

第一章 查理小时候

查理二世是查理一世的王太子。迄今为止，历代英王中叫查理的就只有他们父子二人，之后再也没有叫查理的英王了。查理父子的统治暴虐，国家暗无天日，灾难重重。所以，查理这个名字便成了王室的隐痛，于是王室的各支后裔中再也没有叫查理的了。

正如《查理一世》一书中所讲到的，查理一世统治时期的特点是国王与人民之间的斗争长期而坚决，而且一发不可收拾，最终引发了内战。国王战败，沦为阶下囚，最后他在自己一座宫殿前的石台上被处死。这场战争非常可怕，就在战争的最后阶段，也就是在查理一世沦为阶下囚之前，他本人像罪犯一样过着流亡的生活，他的家人们分散在异国他乡，敌人控制了他的城市和堡垒。作为长子的查理王子也理所当然成了人们仇恨的对象。因此，查理王子早年经受了巨大的磨难。其实，他过了

查理二世

一段非常平静的生活。然而,父亲暮年的艰辛和苦难对于王子生命的最初阶段可谓是一个"黑暗"的黎明。查理一世的一生好比一条河流,起初是阳光下的一条碧溪,流经一片崎岖与黑暗的领域,最后奔向可怕的深渊,笼罩在阴郁中,被围在暴风雨里。然而,如果把查理二世

1628年的查理一世

第一章 查理小时候

也比作一条河流的话,那么他发源于旷野中崎岖的高山,并且另有一条河流从他的发源地注入,他开始奔腾跳跃,从悬崖到峭壁,河水变得浑浊,卷起了泡沫,最后流经一片平原,并浩浩荡荡地注入大海。

查理王子的母亲,也就是查理一世的妻子,是一位法国公主。她的名字叫亨利埃塔·玛丽亚。她天赋异禀,

少女时代的亨利埃塔公主

查理二世

美丽动人,勇敢无畏。亨利埃塔·玛丽亚是天主教徒,当时的英格兰人对信奉天主教的人有极深的敌意。因此,亨利埃塔·玛丽亚遭到了英格兰人的极端猜忌。她的一举一动都在英格兰人的密切监视之下,而且英格兰人也不愿意他们的王位继承人在她的家中长大。英格兰人对国王的仇恨与日俱增,但他们对亨利埃塔·玛丽亚的仇

1637年前后的亨利埃塔王后

第一章 查理小时候

恨程度似乎比国王要强烈一倍。英格兰人还出版宣传册，说她是赫斯之女，是迦南人，说她搞偶像崇拜，像她这样有比异教徒还恶劣血统的人根本就不配有后代。

1630年，二十一岁的亨利埃塔已经结婚将近四年。她曾育有一子，出生之后没几天便夭折了，更受尽了国人的奚落，因此，她在英格兰生活得并不幸福。像大多数英格兰人一样，她的丈夫——查理一世也是一名新教徒。在当时那个年代，夫妻宗教信仰不同是件大事，其重要程度远远超出了今天的宗教信仰的差异。即使是现在，夫妻双方持不同的宗教信仰在婚姻生活中也会妨碍家庭幸福，致使家庭破裂，无法修复。如果理性和思考有可能控制两颗年轻的心相互产生的那种浮躁冲动，那么宗教信仰的差异——如果这种差异真实存在的话——则会被认为是婚姻结合中的一个不可逾越的障碍。

由于与丈夫的宗教信仰不同，同时又是公众仇恨的对象，所以亨利埃塔·玛丽亚王后生活得并不幸福，只能孤独地住在位于伦敦西部威斯敏斯特的圣詹姆斯宫。1630年5月，英格兰清教徒前辈在普利茅斯登陆的十年之后，王后在这里生下了她的第二个儿子，也就是本书的主人公。刚出生的王子一点儿也不漂亮，但后来他却长成了一位英俊潇洒的男子汉。国王查理一世对儿子的出世喜出望外。翌日，在一大队禁卫军和贵族随从的陪同下，查理一世来到伦敦圣保罗大教堂，当众为孩子的出生和王后的平安感谢上帝。这支队伍在大街上行进之时，所有人涌向街头，驻足观看。人们的注意力被正午时分高挂云端的一颗依稀闪烁的星星所吸引。这种景象并不十分罕见，但很少有这么多人亲眼看见。那颗星星毫无疑问就是太白星。太白星有时比较明亮，即使在太阳升起之后人们也能看到。然而，当时的伦敦人并不是知识渊博的天文学家，因此，他们将这颗在王子出生之时闪烁的星星视为一种超自然力量，预示着王子日后的伟大和荣耀。

小王子洗礼的准备工作在7月进行。王子的洗礼是头等大事，而且在小查理王子受洗之际有一件事情值得人们特别关注。当时英格兰的宗教改革刚开始不久，此时又恰逢英格兰教会重组以来第一次为英格兰王位继承人安排洗礼。这里有座小教堂，它与圣詹姆斯宫有着千丝万缕的联系，像其他与欧洲王室宫殿有关联的教堂一样，这座小教堂甚至与贵族的私人城堡和官邸也有一定的关系，因此王子的洗礼便在这里举行。这种场合通常会有某些被称为教父、教母的人出现，他们负责将天主教的道德准则小心谨慎地传授给接受洗礼的孩子。当然，

圣詹姆斯宫

查理二世

这只是流于形式的一种职责,教父教母们的真正目的似乎是为年幼的教子们送上自己的礼物,以表达他们被指定成为教父或教母这一荣誉的谢意。在小查理王子的受洗仪式中,王子的教父教母是法国的一些王室要员,是王后的亲戚们。然而,这些人不能亲自参加王子的洗礼,于是他们便委托英格兰的贵族成员代表他们参加洗礼仪

出生不久的查理王子

第一章 查理小时候

式,并向王子进献大礼。这些代表中有一位公爵夫人,她将一颗价值三万美元的珠宝献给了王子。

英格兰国王的长子都会得到威尔士亲王的头衔。根据英格兰的传统习俗,威尔士亲王小时候应该由威尔士保姆照料,这样王子学会说的第一句话便是本族语。王子的保姆已经找到,同时指定了为王子摇摇篮的人,还有其他负责王子生活起居的官员们,所有这一切都以极其壮观奢华的仪式准备就绪。根据英格兰的风俗习惯,仆人们会获得一定的报酬,作为服侍主人或其他居住在私人住处的宾客的所得;他们也会因为提出那些如何举行盛大洗礼的奇思妙想而得到奖赏。其中有一位教母乘坐王后的马车前往宫殿参加小王子的洗礼,在众多随从中,负责照看她的马车的六名男仆每人得到了五十美元的奖赏,马车夫拿到一百美元的奖赏,还有那些身着盔甲、负责马车安全的骑兵们每人都得到了两百五十美元的奖赏。参加此次洗礼的王室成员的服饰相当华贵,一律采用红色花纹修边的上等白色绸缎。

于是,小王子成了当时的焦点人物。王后专门请人为王子画了像,并将画像送至法国她的母亲那里。然而,身为孩子母亲的王后并没有在附送画像的信中夸赞王子的美貌。事实上,王后说小王子长相丑陋,她为此感到羞愧，不过她又补充道，小王子的身高和胖乎乎的身体将会弥补相貌的缺陷，而且他的容貌显露着严肃而庄重的神情。王后坚信小王子比她自己要聪明得多。

随着小王子一天天长大，英格兰的宗教与政治冲突也不断增加，直至王子长到能够从旁人的对话交流中读取重要信息的时候，英格兰议会便开始提防王后可能对王子施加影响。他们急切希望小王子被教导成新教徒，非常害怕王后设法将天主教的思想和原则偷偷地灌输给王子。

王后坚持说自己并没有那样的企图，也许她真的没有那样想过。然而，在当时那个年代，只要能够有效地推动正统宗教向前发展，任何错误托词或蓄意欺骗的行为总被认为是可行的。王后也确实向她的孩子灌输过一些天主教思想，因为除了查理王子，她还有其他的孩子。王后曾经将一个通常用象牙、银子或金子做成的十字架送给她的女儿，这是一枚耶稣被钉死在十字架上的受难像；她还送给女儿一串天主教徒祈祷时用的琉璃念珠。亨利埃塔偷偷地将这些东西送给女儿，告诉女儿把这些东西藏起来，并教会女儿使用它们的方法。英格兰议会把这种扰乱王室子嗣思想的行为视为罪大恶极，于是他们想尽办法将查理王子和他的母亲隔离开来，同时安排

亨利埃塔王后与查理一世、查理王子和玛丽公主

新教教士对查理王子的弟弟妹妹们进行新教信仰的引导教化,这样的安排严重影响了亨利埃塔王后享受子女陪伴的愿望。英格兰是个新教盛行的国度,对于一个嫁给英格兰国王的天主教女士来说,她根本不能指望被允许以自己的宗教信仰来培养子女,而且不能把自己坚信的那种——也许是唯一的——能够让孩子们得到上帝关爱和保护的方法教给孩子们,这对于一位母亲而言肯定是非常困难的。

在伦敦一间巨大的"储藏室"中,存放着各种各样的东西,包括书籍、手稿、遗物、古董、绘画以及其他一些纪念物品,这里就是大英博物馆。在博物馆中保存

1715年的大英博物馆

第一章 查理小时候

的历史文献中有很多亨利埃塔写的信,还有查理王子童年时代书写的若干封信件。其中有一封亨利埃塔写给查理王子的书信,当时小王子年仅八岁。书信的内容是亨利埃塔批评小王子不愿吃药。当时查理王子正由纽卡斯尔勋爵照料。

查理,很抱歉第一次写信就责备你,因为我听说你不肯吃药,我希望只有今天这一次,我希望明天你把药吃了,因为如果你不吃药,我就会去你那里,亲自看着你把药吃了。这些药对你的身体健康非常有帮助,我已经命令纽卡斯尔勋爵传话给我看看你今晚是否乖乖吃药。所以,我希望你不要给我带来不便。好了,信就写到这里,就此搁笔。

爱你的妈妈
亨利埃塔·玛丽亚

信封上这样写道:"我最亲爱的儿子,王子收。"

王后在给儿子写第一封信的时候肯定费了不少心思,因为尽管书信当中出现了一些拼写错误,但与王后用英语书写的大部分信件相比而言,这封信真的已经很不错了。王后对英语不太熟悉,她只能像往常一样用自己的母语进行语言交流。

随着时间的流逝,国王查理一世与人民以及议会之间的冲突变得越来越尖锐。尽管拥有至高无上权力的君王想尽一切办法来挽救曾经对他忠贞不贰的大臣们,但他们还是一个接一个地遭到逮捕、出庭受审,并被判处死刑、身首异处。各党派纷纷成立,参政积极性高涨。发生在王宫周围的骚乱不绝于耳,直接威胁着国王与王

内战前的亨利埃塔王后
与查理一世及小查理

后的人身安全。亨利埃塔随之成了这些冲突表现出的仇恨所针对的特殊目标，而国王本人对他岌岌可危的王位也感到心烦意乱。英格兰的局势不容乐观，苏格兰的情况则更为糟糕。苏格兰发生了真正的叛乱，形势非常危急。国王查理一世决定亲自前往苏格兰平定叛乱。这样一来，可怜的王后只能用她微乎其微的权力保护自己以及王室子嗣的安全。

距离伦敦不远处，有一座名为奥特兰兹的古老宫殿，国王查理一世出征平定叛乱的时候，王后就住在这里。这里地势低洼，非常荒凉，四周被护城河包围着，只能通过吊桥才能进入此地。亨利埃塔之所以选择在奥特兰兹宫居住，是因为她自己认为这里更安全。除了威尔士亲王之外，其他孩子都和亨利埃塔在一起，因为小王子不能完全处于王后的照料之下。不过，查理王子还是经常来看望他的妈妈，王后也会时不时去看望小王子。

在丈夫不在身边的那段时间里，亨利埃塔王后遭受了许多严峻而痛苦的考验。她与丈夫的通信经常会被阻断。王后急切地想要知道国王此行是否顺利，能否取得成功，有时得到的消息令她鼓舞，让她相信一切都会好起来。比如，一名军官将国王的一封信转交给王后，她便给这名军官写了一个便条。便条是用不太标准的英文写成的,这再次说明这位远嫁的法国公主对英语掌握得并不是太理想。那些熟谙法语的人对王后所犯的语言错误很感兴趣,这些错误都是由于王后在使用母语时自然而然产生的。比如这封亨利埃塔王后写给爱德华·尼古拉斯爵士的信:

> 尼古拉斯先生,我已经收到您的信,就是您给我带来的国王的信。国王在信中说他在苏格兰受到热情的欢迎,还说苏格兰的百姓与军队看到国王非常高兴,这样的场景以前从未见过。愿上帝保佑这样的情况会一直持续下去!
>
> 您的朋友
亨利埃塔·玛丽亚

在国王远征苏格兰的时候,英格兰议会曾威胁王后把孩子们从她身边带走,据议会说,这是因为担心孩子们待在王后身边的话,会被她教化成天主教徒。这件事令王后惊恐万分,痛苦不堪,于是她声明自己绝对不会用天主教信仰来抚育自己的孩子们。她心里非常清楚这种做法是违背国王的意愿的,也不符合英格兰民众的愿

爱德华·尼古拉斯

望。为了降低把孩子们从她身边带走的风险,王后只好独自离开奥特兰兹宫,前往其他宫殿居住。从此以后,王后只能偶尔探望自己的孩子们。尽管王后不能和孩子们待在一起,但她的心却永远和孩子们在一起,同时,她密切提防着任何想要把孩子们从她身边夺走的企图。

后来,王后得到消息,一支武装力量深夜聚集在奥特兰兹宫附近,奉命控制她的孩子们,甚至打着王后自己图谋将王室子嗣带离英格兰前往法国的幌子。亨利埃塔是一位勇敢无畏的女人,孩子们所面临的威胁激发了她的全部力量。王后立即派人送信给自己能依靠的所有

16世纪的奥特兰兹宫

朋友，让他们全副武装，组织所有能召集的人，于当天夜里在奥特兰兹宫的花园集合。同时，她下令让伦敦城内外正在休假的军官也在花园集合，他们所有人都服从王后的命令。王后还把家里的所有人包括在厨房干活的最低等的仆人全部武装起来。就这样，从黄昏到夜晚，各个分队一支接一支进入奥特兰兹宫，其中一支小型部队驻扎在奥特兰兹宫的花园里。从当天晚上到第二天早上，该部队一直在街道上执行巡逻任务，王后用她英勇无畏的精神激励着将士们。如同母狮保护幼崽一样，情绪激动的王后保护着孩子们，始终让他们待在宫殿里，胆战心惊地等待着灾难的降临，尽管他们根本不知道那灾难是什么。

下面列举的是当时王后子女们的姓名和年龄：

查理，威尔士亲王，本书的主人公，十一岁。

玛丽，十岁。尽管只有十岁，但已经许配给比自己大一岁的奥兰治亲王威廉。

詹姆斯，约克公爵，七岁。后来成为国王詹姆斯二世。

伊丽莎白，六岁。

亨利，几个月大的尚在襁褓的婴儿。

在没有遭到任何进攻的情况下，王后等人度过了这个夜晚，尽管大量的军事力量已经聚集在附近，但最终很快就被解散了。他们虽然安然度过一晚，但王后的恐惧没有得到一丝缓解。于是，她着手安排，以便在必要时离开英格兰。她派遣一名忠诚的朋友兼仆人前往朴茨茅斯将船舶准备妥当，如果目前的形势持续恶化，她便可以带着孩子们逃到那里，随时登船离开。

　　然而，她根本就没有机会利用这些已定的安排。事情的发展似乎有了转机。国王陛下从苏格兰回来了，受到本国人民的热烈欢迎和美好祝愿。当然，王后喜出望外地迎接国王回国，她一下子长舒了一口气，她觉得有了国王在身边就有了保障。反对王室的中心——伦敦开始显现出一派忠诚友善的景象。作为回报，国王决定举行盛大的入城仪式，并对当局进行视察。当时，国王坐在奢华的王室马车里，小王子坐在他的旁边。亨利埃塔王后坐在自己的敞篷马车里跟在他们后面，其他的孩子坐着别的马车紧随其后。穿着华丽、装备精良的警卫和随从大队对王室成员前呼后拥，街道的两侧挤满了百姓，他们用双手挥舞着手帕和旗子，欢呼雀跃，高喊上帝保佑国王。在这种热烈而成功的喜悦氛围中，亨利埃塔静静地跟在后面。这时，她的焦虑得到了缓解，她的悲伤

亨利埃塔王后的孩子们,从左至右分别是:玛丽、詹姆斯、查理、伊丽莎白和安妮

与煎熬已经结束,内心感到无比幸福,充满希望。正如她自己想象的那样,她再次与丈夫和孩子们团聚,与她的子民也重归于好。她心里想着自己的苦难终于要结束了,可是,唉!她的人生苦难才刚刚开始。

第二章

查理王子之母

精彩看点

和平幸福假象——王后的谏言——苦等——王后心腹之交卡莱尔夫人的背叛——功亏一篑——王后只身离开英格兰——夫妻离别——王后在荷兰进行物资筹措——两度冒死与丈夫会合——国王境况好转——夫妻双方的分歧——王后的改变——有效援助——国王挺进牛津——再次夺取伦敦的宫殿和堡垒——国王召集议会——两个政府、两个议会——陷入分裂、混乱状态

第二章 查理王子之母

自从查理国王从苏格兰回来之后,英格兰便呈现出一番和平与幸福的景象。这番景象激励了查理王子的母亲,使她感到生活充满了希望,然而这一切只是假象而已,是靠不住的。发生在国王与议会之间的争论,以及人民对王后表现出来的疏远和恶意比以前任何时候都要强烈。暗藏危机的革命风暴稍做停歇之后,不久便再次爆发,其力量令人生畏,无人能挡。不幸与灾难的再次降临让亨利埃塔开始责备自己成为这场灾难的导火索。

王后先前曾多次向国王谏言,在她看来,导致国王蒙受巨大困扰的一个主要原因是,国王不能像一个真正的男子汉那样高效决断地镇压反抗他的那些臣民。所以在国王从苏格兰返回之后不久,王后便发现议会中潜藏了一股新的敌对势力。于是,她便敦促国王立刻采取行动,进行压制。她建议国王带领一支军队,强行进入议

查理二世

会所在地，逮捕那些反对党领袖。遭到逮捕的反对党中有五人的身份地位相当显赫。在王后看来，只有将这五人抓起来投进伦敦塔，其他那些反对国王的势力才会感到害怕，心生畏惧。这样一来，国王的权力和威信才能失而复得。

国王听从王后的劝告，准备按照她所说的去做，这一方面归因于自己的判断，一方面来自王后的谏言。关于国王采取的行动，《查理一世》一书中做了详尽的叙述。这里，我们只谈论与王后有关的故事。王后只身待在白厅，惴惴不安，而她的丈夫则执行危险任务去了。

查理一世时期的白厅

第二章 查理王子之母

人们猜测，国王试图强行进入国家立法机构所在地逮捕反抗之人的计划应该绝对保密，以免走漏风声，致使逮捕对象有所察觉，闻风潜逃。所以，时间一到，国王与王后道别，并告诉王后在宫殿内等待一个小时。在此期间，如果没有任何坏消息传来，王后便可放心，行动取得成功，他自己会再次掌控大权。国王把王后留在一个房间里，她焦急地等待着，不停地看着手里拿的表，看着时间一秒一秒缓慢流逝。卡莱尔夫人——王后的知心朋友——与王后并肩而坐，内心也感到无比焦虑，尽管夫人自己并不知情。时间就这样流逝着，没有坏消息传来，一个小时终于过去了，亨利埃塔再也无法控制自己的情绪，她异常兴奋地大喊着："一起欢呼吧！终于结束了！此刻起我的丈夫就是这个国家的真正主人了。他的敌人已遭到逮捕，从此以后他的国家终于由他主宰了。"

国王和王后们有些忠心耿耿的朋友还是非常可能的，但宫廷中经常会出现由于不纯动机和利益诱惑导致的谎言和背叛，因此，他们一般很难分辨朋友们的真伪。王后的心腹之交卡莱尔夫人便是查理国王准备逮捕的反对党的同党。听到风声之后，卡莱尔夫人立即差人前往附近的议会所在地报信，那些早该受到惩罚的反对党得到消息之后，便已逃之夭夭。时间确实过去了整整一个小时，但由于准备出发的过程中以及前往下议院的途中发生的一些意想不到的事情延误了国王的行动，致使国王赶到议会时，那几位议员早已不见踪迹。这次行动没有取得成功，最初设定的目标未能达到。然而，正如行动之前所预料的那样，此次行动激起了众怒，新仇旧恨一起袭来。听到这样的结果，可怜的王后百思不得其解，内心十分沮丧。她让自己的丈夫兵行险招，却最终因为自己的大意，功亏一篑。随后国王的举动被公之于世，引起了普遍而难以控制的骚动，人们称之为"暴行"，如同晴天霹雳一样，震惊了举国上下。而王后则为自己所做的错事感到万分悔恨。

大错已然酿成，任何弥补都无济于事。国王的行为引起了民众极度的仇恨和愤怒，因此招致了一系列喧闹狂暴的骚乱。这样一来，王室成员继续留在伦敦就毫无安全可言了。于是，他们向泰晤士河上游的汉普顿宫进发，这里离伦敦不远，是泰晤士河上游一座著名的宫殿。然而，他们在汉普顿宫只休憩了片刻，因为向他们袭来的危险陡然剧增。很显然，有两条路摆在国王面前，他要么放弃他所认为的属于自己的王权，要么使用武力来维护。王后劝说国王采取后一种方式来完成目标。她建议为了战争所需，她可以带上珠宝以及其他可携带的贵

汉普顿宫内景

重物品离开英格兰，通过这些物品和她本人的努力筹集战争所需的人力、财力，在即将到来的战争中助丈夫一臂之力。

迫于形势压力，国王只能采纳这样的行动计划。于是，他把亨利埃塔送到海边，王后带着年幼的玛丽公主，对外宣称此行的目的是护送玛丽公主前往年幼的丈夫荷兰的奥兰治亲王那里。不过，按照惯例，像他们那样幼年结婚，即使举办过结婚仪式，夫妻双方也要等到再长大一点才能住在一起。

王后准备在多佛港登船出发。多佛是当时经由英格兰前往欧洲大陆的非常重要的港口。一座巨大的城堡坐落在多佛港口的峭壁之上，守护着港口和这座城市，这座城堡至今仍矗立在此。这里的悬崖峭壁风景如画，直入云端，笔直插入大海，峭壁之间形成了一个小山谷，旁边有个缓坡通往海边。当亨利埃塔乘船离开的时候，查理国王站在海滩上，眼含泪水，目送着船舶从他的视线当中消失。尽管亨利埃塔有很多缺点以及民族特征，但此刻她却是国王最好的、最忠实的朋友，所以当她乘船离开，国王觉得孤寂无援，只身陷入可怕的危险之中。

国王回到汉普顿宫。议会要求国王住得离首都近一些，并要求他不能带走小威尔士亲王。与此同时，议会

第二章 查理王子之母

开始集结军事力量，筹备军用物资。国王此时也采取了相同的措施。他将小王子送往英格兰西部地区，自己却朝北部地区行进，抵达约克城，将这里设为自己的总部。总之，双方都在为战争做着准备。

同时，亨利埃塔王后在荷兰为支援丈夫所做的尝试取得了成功。她的不幸遭遇博得了人们的同情，她的美貌和优雅得体的言谈似乎使人产生了怜爱之情。除此之外，她为拯救身陷灾难的丈夫所表现出的精神与勇气又为她自己赢得了钦佩与尊敬。

1642 年前后的查理王子

查理二世

没有什么力量能比得上一位忠诚的妻子为拯救丈夫所付出的努力那么有效,那么强大。胆怯懦弱的心灵似乎被不可思议的勇气所鼓舞,柔弱无力的臂膀似乎充满了出乎意料的强大力量。每个人都愿意对这样的努力施以援手,亨利埃塔为自己所取得的成就深感惊讶;她意外地发现自己的能力居然如此强大,处理事情如此有效。

荷兰的各个阶层都对王后的计划具有浓厚的兴趣。凭借个人威望以及钻石珠宝等物件的保障,王后从政府、银行以及商人处借到一大笔钱财,总计达到两百万英镑,大概相当于现在的一千万美元。王后在荷兰进行谈判

17 世纪 30 年代的亨利埃塔王后

期间,她和小女儿一直住在一起,照顾着这个已婚的小新娘,而女儿的教育则在几位合适的教师的帮助下进行,因为尽管玛丽已经成婚,但她仍然只是个孩子。同样,玛丽年幼的丈夫也在一直学习。

亨利埃塔在荷兰待了一年。她用一部分钱购买军需用品,携带剩余的钱财乘船与丈夫会合。那次航行非比寻常。在船离港不久,猛烈的东北风便肆虐开来,狂风持续刮了九天,到最后,海浪翻滚,波涛汹涌,随行的人员都认为毫无希望抵达彼岸。王后带领着众多男女随从,还有许多天主教教士、专职教士和神父随侍左右。由于船舶在滔天巨浪中无法平稳行进,加之体力严重透

1634年的亨利埃塔王后与丈夫查理一世

支,所有人都极度恶心,只能把自己绑在床上。他们绝望至极。危险越来越大,情况越来越危急,众人完全丧失了自控能力。在这次持久的狂风暴雨中,可怕的巨浪肆虐地拍打着船舶,巨型水柱重重地砸在甲板上,随时都会出现船毁人亡的危险——猛烈的撞击导致船舶大幅下沉,似乎再也不会漂浮起来。此时,跟随王后的那些贵妇们内心无比恐惧,船舱里充斥着可怕的尖叫声。然而,王后本人却极其沉着冷静。她告诉那些女人不要害怕,因为"历史上从来没有被淹死的英格兰王后"。

在暴风雨最猛烈的时候,船上所有的人都变得仓皇失措,惊恐万分。大海吞没了其中两艘船。王后带领的人认为他们乘坐的船舶正在下沉。于是,他们便蜷缩进那些虚弱无助的教士们的船舱,以天主教的方式向教士们忏悔自己所犯的罪行,他们希望在生命的最后时刻自己的良知能够免受罪恶烦扰。王后本人并没有因此而感到恐惧。她嘲笑那些荒诞的忏悔,指责忏悔者愚蠢的恐慌。只要肆虐的狂风稍稍缓和一些,让她能够做些事情转移人们的注意力,她便想尽一切办法使人们开心,讲述他们不断遇到的奇特困境,以及她的随从和达官显贵们即使身处这样的险境还要试图以得体的礼仪、恰当的仪式侍奉王后时所发生的可笑的灾难和事故。最后,经过两个星期的危险、恐惧与不幸的遭遇，这支小型舰队中的部分船舶成功返回到了原来起航的港口。

然而，王后并未因此而绝望。经过几天休整，她重新起航出发，此时已经是严冬腊月。第二次的尝试取得了成功，一支小型舰队按原计划时间抵达英格兰海岸的伯灵顿，王后把钱财和物资卸了下来。可是，此行并非一帆风顺，可谓是死里逃生，因为一支英格兰舰队对王后的船舶穷追不舍。在王后登陆上岸之后，那支英格兰舰队也于当天晚上驶入港口，到了第二天早上，王后被住所周围的炮弹声惊醒。她急忙起身，发现整个村庄已经在敌人战舰的轰炸之中。她急忙穿好衣服，带着随从逃到田野。该事件在《查理一世》一书中有详细记载，但有件事并未详述，正是这件事鲜明地刻画出王后的双重性格特征。亨利埃塔一方面拥有作为王后的伟大力量，另一方面还具有只能在孩子身上找到的那份纯真和兴趣。她养了一只小狗，名叫麦克。所有人都认为这只小狗长相丑陋，唯独王后不以为然。麦克跟着王后一起航行，一起登陆。然而，那天早晨遭受敌舰炮火攻击的时候，王后急忙逃离房间，但她离开房间不久便想起麦克还留在那里。于是，她立即返回房间，抓起还在床上熟睡的麦克，迅速离开正在遭受炮弹轰炸的地方。而此时的麦克对于这样仓皇而粗鲁的救援显得非常震惊。她们逃到田野里，在田边一条干涸的水沟里找到藏身之处，接着蜷缩起身子，一直等到敌舰指挥官打累为止。

约克是王后最终的目的地，作为英格兰北部重要古都的约克，同时也是查理国王军队的总部，可是国王本人当时并不在那里。当听到王后抵达英格兰的消息后，负责指挥约克防务的总指挥官立即派遣一支两千人的部队前往海滩，护送这位女英雄以及她所带来的钱财和物资一同向丈夫的首都进发。王后行进在队伍的最前面，她身后跟着大批队伍、军火以及载满军用物资的辎重车辆，这其中包括六门大炮和王后在荷兰筹集到的二百五十车钱财。这支队伍最终成功抵达目的地，当地的人们被这样的场面震撼了，同时为王后的风度和举止倾倒。王后本人也为自己在危险与辛苦奋斗中所获取的胜利而引以为豪，她像一位将军一样骑马走在队伍的最前端，坦诚地与士兵交谈，从不畏惧风吹雨淋，和其他士兵一起在空旷的田野中驻扎的营地里就餐。从某种程度上来说，是王后通过敦促国王采取激进手段逮捕议会成员才使国王身陷困境。似乎她已经下定决心通过现在所取得的有效功绩来弥补自己犯下的错误。在队伍行进途中，王后还停下来降服了一座一直以来由丈夫查理一

亨利埃塔王后

查理二世

1636 年,安东尼·凡·戴克为查理一世从不同角度绘的画像

世的敌人控制的城镇,这一壮举为当时的胜利增加了一份荣耀。

事实上,目前取得的胜利令王后的内心无比自豪、格外高兴,这一点淋漓尽致地体现在当时王后频繁写给丈夫的信件中。国王的境况有所好转。他们两人通过作战行动逐渐靠近对方。终于,在一次大胜之后,国王率领一支庞大的护卫队前来迎接他亲爱的妻子。他们在靠近埃奇山的肯顿会合,这里地处沃里克郡的南部边界,

第二章 查理王子之母

靠近英格兰的中心地带。当然,他们两人都异常激动和高兴。查理一世赞扬他的妻子勇敢无畏、忠贞不渝,而亨利埃塔则感到无比幸福,享受着来自丈夫的爱意与感激。

外界的不幸与灾难带来的压力总会形成一种强烈的趋势,这种趋势能够重新点燃家人之间的情感,以此来创造幸福,但外界却将其视为对幸福的毁灭,这一点在故事的主人公身上有很好的体现。在国王与王后的早期婚姻生活中,尽管诸事平顺,但他们的生活远称不上幸福美满。他们经常因为各种意见分歧和微不足道的小事而破坏双方的和谐关系,目的是表达自己的观点压制对方。查理国王总能在这些分歧争论当中占到先机。结婚

1642年埃奇山战役爆发前的查理一世,图中佩戴蓝色肩带的是查理一世

之初，王后得到一些包括房产和地产在内的财产，所得收入供其支配，而且她希望委派指定的司库管理这些财产。在征求母亲玛丽·德·美第奇王后意见的基础上，王后草拟了一份管理官员名单。一天晚上，王后将这份名单呈递给国王，不过当时国王已经准备就寝。国王便告诉王后第二天早上他会审阅这份名单，同时让王后谨记，根据结婚协议，只有国王有权任命这些官员。王后对此做出回应说她所举荐的官员当中有一部分是英格兰人。国王还是坚持要在第二天早上审阅这份名单，并且指出他会同意任命那些英格兰人，但他不会任命任何法国人。王后回答说她所罗列的这些人是她和自己的母亲共同选出来的，除此之外，她没有其他合适的人选。国王反驳说这种事情由不得王后和她的母亲做主，如果王后继续以这样的方式来施加压力、表达自己的想法，他将不会委派任何王后举荐的人选。王后的自尊受到很大伤害，开始生起气来。她说如果不让她举荐的官员负责管理这些财产，她就不要这些财产了，并请国王收回。查理国王告诉王后，让她看清自己说话的对象，她是不能用这种方式与国王说话的。王后只能就此作罢，她伤心欲绝，眼含泪水，凄惨无比。她所希望的事情都不能如她所愿，她做出的举荐全都遭到否决。查理国王试图

亨利埃塔的母亲玛丽·德·美第奇王后

说服王后,但王后根本不听,整天伤心欲绝,牢骚满腹,痛哭流涕。

人们可能认为这样的争吵只是这对王室夫妇的极端表现,然而,事实并非如此。他们之间有时会出现更加激烈的争吵。王后自然非常喜欢法国仆人和侍从,但国王却对他们充满猜忌和敌意,于是,他们这些人便总是成了夫妻双方产生矛盾的根源。一天下午,国王碰巧来到坐落在白厅的王后住所,这里是"王后的管辖区"。国王看见一大群男女侍从打闹嬉戏,轻歌曼舞,这在追求享乐的法国人眼里并没有什么不妥之处,但查理国王认为英格兰王后放纵手下这样的行为甚为不妥。国王十分不悦,就走到亨利埃塔跟前,一把抓住她的胳膊,把

17世纪的白厅

第二章 查理王子之母

王后带到自己的住所，关进了一间房子，并锁上了房门。国王下令立即将这些法国侍从逐出宫殿，让他们前往附近的萨默塞特宫，并命令他们待在那里直到获得新的命令。军官非常粗鲁地执行着国王的命令。法国女人们尖叫哭泣，宫殿里充满了她们的叫喊声，然而，执行命令的军官却无动于衷。他将所有的侍从全都赶了出去，并锁上了大门。

这些行为令王后非常恼怒。她飞奔到窗户跟前与朋友相见，和他们道别，向他们表示同情。国王上前拉开了王后，并让她冷静，接受现实，因为他心意已决，侍从们必须离开。王后下定决心决不妥协。她试图打开窗户，却遭到国王的阻止。这时，王后发起狂来，开始用自己的拳头砸窗户，国王抓住她的手腕，奋力阻止她的行为，并把她拖到一边。与在这样的争执中表现出来的自私和猜忌相比，妻子在之后对丈夫的忠贞不渝以及为了丈夫远渡重洋、出生入死的过程中所表现出的英勇无畏截然不同。尽管前后形成了鲜明对照，尽管人们对于这些事件有着不同的看法，但是，我们仍然能够看出，前后事件中蕴含着同样的推动因素，那就是忠诚之心和不屈不挠的精神。并不是王后的灵魂发生了变化，也不是王后的行为发生了本质性的改变，发生改变的是对象和目的。在第一个事件当中，王后反抗夫权，目的是在琐碎的家庭事务管理中获得微不足道的胜利；然而，在第二个事件当中，王后所表现出的相同精神和力量是为了与外界灾难进行抗争，目的是支持丈夫，保护子女。因此，她做出的改变归因于环境的改变并非性格的改变。

然而，这样的变化对国王的影响可谓是至关重要。它使国王重新得到妻子的爱和同情，让他内心充满幸福之感。对国王来说，这是一种幸福的改变，尽管这种改变源自苦难和悲伤，因为正是在外界的压力下，他再次和妻子重归于好，家庭恢复了和睦。与这对王室夫妇的情况相比，相同的结果经常出现，因此，没有必要大惊小怪。对千万个失去和睦与幸福的家庭而言，只有来自外界折磨和灾难的压力才能使这样的家庭焕发生机，和谐如初。

亨利埃塔有效的援助在很大程度上改善了国王的处境，一时之间，他似乎就能获取最终胜利，并恢复自己的统治权了。他挺进牛津，并把这里当作自己的军事指挥中心，并开始着手准备再次夺取伦敦的宫殿和堡垒。国王在牛津召集议会，部分议员来到牛津并按常规分成上议院和下议院，其余的人则留在伦敦，继续举行会议。

1635年的亨利埃塔王后

于是，英格兰便出现了两个政府、两个议会、两个首都，整个国家陷入分裂和混乱状态，各自行使权力掌控政府，进而使人民臣服。

第 三 章

亨利埃塔王后的抗争

精彩看点

乌云和黑暗再次席卷而来——议会重新招募军队——奥利弗·克伦威尔登上历史舞台——所向披靡、战无不胜——危机四伏——王后离开牛津——举步维艰——王后的磨难——埃克塞特被围——无奈之举,弃子而逃——死里逃生——侏儒杰弗里·哈得逊——奇特的相识经历——誓死护佑王后周全——穿越达特姆尔森林——彭德尼斯城堡求救——巧遇荷兰船舶——海上遇险——涉险脱身——巴黎安身

第三章 亨利埃塔王后的抗争

王后轰轰烈烈的援助行动令查理国王的前景一片光明,但是这种光明前景犹如昙花一现,转瞬即逝了。乌云和阴霾很快便再次席卷而来,比之前更加阴暗地笼罩在国王的头顶。议会重新招募军队,其力量比之前更加强大。后来成为共和国时期"护国主"的伟大、著名的共和党将军奥利弗·克伦威尔出现在战场上,他所开展的一切军事行动都取得了胜利。其他共和党将军也都出现在各个战场上,他们坚定地进行着战斗,取得了巨大的胜利。他们所到之处,国王的军队节节败退;他们夺取一座座城市、一座座堡垒,看样子整个国家很快就会落入他们手中了。

与此同时,王后的家人四散而居,孩子们住在不同的地方,各自面临着不同的危险。其中,两三个孩子留在伦敦,受制于父亲的敌人们。奥兰治亲王的小新娘

——玛丽公主仍然待在荷兰。王后的长子——查理王子这时只有十四岁,他正在英格兰西部指挥父亲的一支军队。当然,我们不能寄希望于这样一个孩子能够像将军一样完成他所执行的任务;实际上,他还不能真正下达命令,指挥军事行动。不过,他却统领着一支庞大的军队,尽管他身边有好几位将军负责所有行动,指挥士兵,但他们在名义上只是王子的副将,所有的行动都要在这位小指挥官的名义下进行。事实上,将军们和这支军队的主要职责就是照顾好王子,保护王子的人身安全,而不是为收复王国提供任何援助。

王后竭尽全力想要挽回丈夫惨遭失败的命运,但却徒劳无功。1644年6月,王后终于无法继续承受危险和斗争带来的压力。她需要寻求一处退避之所以保全自己的性命。在那里她可以享受安宁,哪怕是片刻安宁。牛津不再安全。因为王后从国外买进武器,所以议会已经下达了逮捕她的命令,理由正如他们所说的那样"破坏国家和平"。议会军正向牛津挺进,她随时面临着被困的危险。于是,她便离开牛津,顺河而下,来到埃克塞特。埃克塞特坐落在一座群山环绕的小山上,守卫森严,不远处便是大海。城中有一座宫殿,王后认为在那里可以得到她想要的安宁,哪怕是片刻安宁。国王护送王后

第三章 亨利埃塔王后的抗争

走了好几英里,一直到达牛津附近的阿宾顿。夫妻双方相互道别,悲痛万分,痛哭流涕。这一分手便是永别,两人再也没能相见。

孤独的亨利埃塔继续着悲伤的旅程。她来到英格兰西南部的沿海地带,埃克塞特就在这里,之后她便把自己关在这里。她在埃克塞特的生活举步维艰,因为查理的处境每况愈下,根本无法向她提供任何援助。她只能请求海峡对面的法国朋友施以援手。朋友们立即送来了

早期的埃克塞特

她所需要的东西，包括衣服、一大笔钱和一个保姆。她留下了衣服、保姆和一小部分钱，把剩余的钱全给了查理。她终于能够在新家勉强维持生计，几周之后，她在这里生下了她的第六个孩子，是个女孩。

长期不间断的辛劳和奋斗严重损害了王后的健康，她在病榻上躺了十来天。她虚弱无力，情绪低落。这时，她得知一名效忠议会的将军正带领部队准备攻打她的落脚之处，这让她惊恐万分。准备进攻的将军名叫艾塞克斯。王后差人前去与艾塞克斯将军会面，请求将军在包围埃克塞特前允许她离开这里。她还说自己的身体非常虚弱，已经无法忍受像常人在被围困时必须要忍受的那种苦痛和惊恐，因此，她请求将军让她撤到布里斯托尔，直到自己的身体恢复如常。然而，艾塞克斯将军给王后的答复却是，他不会让王后离开埃克塞特，实际上，他此行的目的就是要护送王后前往伦敦，将其交给议会，接受叛国罪的指控。

王后立刻意识到只有最迅速、最坚定的行动才能使自己摆脱正在逼近的危险。此时，她无比虚弱，几乎就剩一口气，但她是一位不轻易认输的王后，坚定的信念和精神能让她振作起来，而且随着危险的不断逼近，这种力量会被点燃，发出耀眼的光芒，像王后这种人往往

早期的布里斯托尔

都是如此。于是,她从病榻上爬起来,开始计划逃走。她把计划讲给了三个信得过的朋友——一男一女两名随从以及她的牧师。作为王后的精神导师,这位牧师一直跟在王后的身边。他们乔装打扮,成功地混出了埃克塞特城门。此时,艾塞克斯尚未抵达埃克塞特。但是没走多远,王后便发现艾塞克斯的部队正向她们逼近,她只能寻找藏身之处直到敌人过去。王后本人躲在一个小屋里的干草堆下面,而她的随从则就近找到了藏身之处。敌人的大部队整整用了两天时间从王后藏身的地方经过,王后最终安全离开。王后藏身的小屋似乎早已无人居住,根据史料记载,期间王后没有任何可以食用的东西;对于一位英格兰王后来说,这是一种让人难以置信的苦难。那两天王后始终处于极度惊恐之中,因为不时便有敌军的士兵经过。他们时而发出刺耳的声音,时而愤怒争吵,时而嬉笑打闹,这一切无不令王后心惊胆战。实际上,对于像王后这样身处险境的无助女人来说,这群野蛮士兵表现出的那种残忍的、忘乎所以的快乐心情也许比他们的愤怒争吵更加可恶。

一次,王后听到一队士兵在谈论自己。他们非常清楚此次出征的目的就是要抓获天主教王后。他们说要砍下王后的头颅,带回伦敦;还说议会悬赏五万克朗要她

第三章 亨利埃塔王后的抗争

的人头。不仅如此,他们还毫无人性地咒骂她,并谈论着这笔钱将给他们带来的快乐。

然而,这群士兵并未发现他们要逮捕的对象。待所有部队经过之后,王后极为谨慎地从藏身之处出来,他们几个人再次会合后,经过乔装打扮,朝士兵过来的方向行进。大军过后,路况很差,十分难走。疾病、饥饿,加之长期的焦虑、恐惧,王后几乎变得奄奄一息,根本没有力气继续赶路。终于,她再次找到了一个栖身之所,是森林中的一个小木屋。王后打算往西南方向走,目的地是离埃克塞特四五十英里外的普利茅斯。普利茅斯是英格兰重要的港口城市和海军基地。

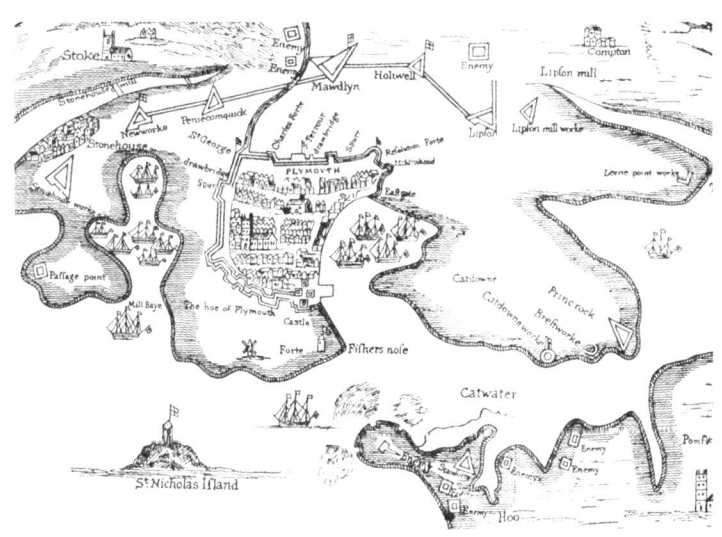

1643年的普利茅斯

王后在小木屋里稍做休息，等待其他朋友和随从自埃克塞特的行宫过来。当时，这些朋友在确保王后安全脱身之后便各自离开，然后乔装打扮，隐藏身份，走不同的路线前往约定地点与王后会合。在这些朋友当中，其中有一位不太好乔装隐藏。他是一个侏儒，名叫杰弗里·哈得逊，他在王后身边侍奉很多年了，一直充当侍从和信差的角色。在当时那个年代，像杰弗里·哈得逊这样的人非常受王后和公主们的宠爱。这是一种非常古怪的现象，侏儒令她们感到兴奋不已，而且仆人的个头越小，他们就越值钱。这种情况在当今社会完全发生了改变。在有权有势家庭中工作的仆人都是高个子，而且他们的薪水与他们的身高成正比，而那些侏儒则被当成人类的奇迹，送进博物馆进行展示，换取钱财。

与杰弗里·哈得逊的身材一样奇特的是他被引荐给王后的方式。当时王后只有十八岁，刚刚结婚不久。她已经有两个侏儒仆人，一男一女，当时被人称为"骑士"和"贵妇人"，王后突发奇想，想让他们二人缔结姻缘，结为夫妻。在王后的宫中还有一个官员，此人行事无法无天，不计后果；他就是国王查理一世的心腹之交白金汉公爵。《查理一世》一书中已经对白金汉有过交代。白金汉碰巧听说有个叫杰弗里·哈得逊的侏儒，他当时

亨利埃塔王后与侏儒杰弗里·哈得逊

只有七八岁,和父母住在英格兰内陆地区。白金汉派人找到他,把他偷偷带到府邸,并打算安排他进宫侍奉王后。但白金汉对王后只字未提。有一天,他邀请国王和王后一行人前往他家宴厅饮酒。宴厅中放着一张大桌子,上面摆满了美味佳肴,中间摆放着一份巨大的鹿肉馅饼。众人围坐在餐桌旁边,这时,白金汉公爵的一个仆人上前准备切馅饼,当他切开馅饼掀起一块的时候,从里面

白金汉公爵乔治·维利尔斯

第三章 亨利埃塔王后的抗争

走出来一个小侏儒,此人衣着华丽,佩戴武器,径直走到王后跟前,双膝跪地,请求王后接受他跟随左右。王后不仅被这种引荐仆人的奇特方式给逗乐了,她还非常欣喜自己的仆人当中多了这样一个人。

小侏儒当时只有十八英寸高,在他三十岁之前,身高一直没变;三十岁时他才开始长个儿,这令人们非常惊讶。他长得很快,一时之间,人们以为他将会变成一个废人,因为他所有的价值全部跟他的矮小有关。等他长到三英尺半时,展现在生命现象中的那份最神秘、最费解的身体机能的成长法则似乎戛然而止。尽管他最终活到将近七十岁,但身高再也没长过。

尽管杰弗里·哈得逊身材矮小,但他聪明绝顶,胆量过人。然而,总有一些无情的侍从愚弄和嘲笑他,并经常置他于各种荒唐可笑的境地,令他很难忍受。最后,他忍无可忍,就向其中一个折磨他的人发起挑战,用枪进行决斗,此人名叫克罗夫茨。克罗夫茨接受了挑战,不过他决定将玩笑进行到底,于是在决斗之时,他只拿了一把玩具枪。他的行为自然而然引得周围一片哗然,但是却没有平息杰弗里·哈得逊的怒火。他坚持要用真正的武器与克罗夫茨再次决斗。克罗夫茨本打算开个玩笑,现在却发现事情一发不可收拾,公众舆论迫使他不得不再次接受挑战。为了尽量体现公平，双方骑马而战，以手枪作为武器。最后，克罗夫茨被当场射杀，倒在血泊里。

自此之后，人们对哈得逊尊敬多了。王后也非常信任他，并委以重任，有些交办的事情需要具备超强的能力、判断力以及果敢的勇气。王后从埃克塞特逃离的时候，他已经不长了，只有三英尺半高，这样的身高使他在与王后会合的过程中经受了巨大危险，但他最终还是顺利逃脱，与王后在森林的小木屋成功会合。王后的出生不到两周的孩子只能留在埃克塞特，交给王后指定的保姆——莫顿夫人照料。莫顿夫人年轻貌美，性格刚烈，她承诺将誓死确保孩子的周全。

在前往普利茅斯的路上，王后一行人不得不穿过一片绵延数英里、荒无人烟的森林。这就是达特姆尔森林。尽管这里很偏僻，但与那些开阔且有人居住的地带相比，这里要安全得多，因为那些地方早已经因为内战而变得混乱不堪。就在他们快要抵达普利茅斯之际，出于某些原因考虑，王后认为进城不太安全。于是，他们一行人继续向西行进。

法尔茅斯是一个位于普利茅斯西部的重要海港，离它不远处有一座叫彭德尼斯的大城堡。该城堡屹立在伸

第三章 亨利埃塔王后的抗争

入大海的一块高地上，异常坚固。在王后逃离期间，这座城堡掌控在国王的朋友手中，因此王后决定前往那里寻求帮助。王后一行人终于在 6 月 29 日安全抵达彭德尼斯城堡。一路上的艰难困苦使他们精疲力竭。

王后早已下定决心尽快逃到法国。留在英格兰已经不能给国王提供任何帮助，现在的她身无分文、身体孱弱，如果继续待在英格兰，她只能成为国王的负担。海港处停泊着一艘从荷兰来的船。大家应该还记得，与王后长女玛丽结为夫妇的奥兰治亲王是荷兰的一位王子，这艘船碰巧就是他的。有人说这艘船是奥兰治亲王派往法尔茅斯专门等候他的岳母的，以便他的岳母能从英格兰顺利逃脱。有人说这艘船舶是碰巧停泊在法尔茅斯。不管怎样，那艘船立即受到亨利埃塔王后的支配，她决定第二天早上登船出发。她心里非常清楚，一旦艾塞克斯获悉她逃离的消息，追捕她的部队会从四面八方跟踪而来，尽管她暂且栖身的城堡非常坚固，但最好还是不要招致危险，被困其中。

因此，在抵达彭德尼斯城堡的第二天，王后一行人便登上了这艘荷兰船，扬帆起航。他们升起所有船帆，全速驶向法国，打算在迪耶普港靠岸。迪耶普几乎是在法尔茅斯的正东方向，距离法尔茅斯两三百英里。由于

查理二世

迪耶普港地处英吉利海峡的另一边,要不是英法两国的海岸线在这里向北延伸的话,那么迪耶普应该位于法尔茅斯以南。

王后的船舶抵达港口之前,大家发现远处有几艘船好像正在追赶她们。他们奋力驶船,但后面的船舶速度更快,并且紧追不舍。最后,该船向王后的船发射一枚炮弹,警示他们停船。炮弹击打着水面朝他们飞来,但并没有对船造成伤害。王后船上的人自然惊恐万分,乱

亨利埃塔王后的长女玛丽公主(1631—1660)

第三章 亨利埃塔王后的抗争

作一团。有些人建议发射炮弹予以回击，有些人希望停船投降，还有些人则尖叫哭泣，内心充满了恐惧。

在极度混乱之中，王后像她在任何紧急情况中所表现出来的那样沉着冷静，尽管之前她显得虚弱无力，但她现在感觉内心充斥着一股新的力量，这似乎是危险逼近时激发出的力量。虽然她和其他人一样内心不平静，但是有所区别，她是因为勇气和意志显得不平静，其他人则是因为恐惧和绝望显得不平静。她爬上甲板，亲自指挥船舶航行。她指挥舵手掌舵；尽管海上出现了风暴，她还是命令将所有的船帆升起，让船舶尽可能快地向前行驶。她不让船长发射炮弹回击后面追击的船舶，以免因此而耽误时间。同时，她还明确下令，要是逃脱无望，他们肯定会落入敌人之手，这时船长必须引爆炸药库，与敌人同归于尽。

最后，所有船舶，包括追击与被追击的船舶正在迅速驶近法国海岸。王后一行人希望赶紧抵达迪耶普港，同时无时无刻不在盼望出现友好的法国船舶来营救他们。他们心中既充满了希望也充满了恐惧。后面的船舶紧追不舍，不断发射的炮弹掠过水面飞向他们，他们时刻面临船毁人亡的危险。不仅如此，越来越猛烈的暴风雨也撕扯着船帆，有可能带来更大的危险。

查理二世

王后等人的希望与恐惧几乎在同一时间变成现实。一枚炮弹击中船舶,船体剧烈晃动,船上一片骚动。船帆受损,甲板上固定船帆的绳索也已断裂,船舶无法继续向前行驶。与此同时,几艘法国船出现在海面上,他们一了解情况便立刻全力营救。追击王后的那些船舶则突然放弃追赶,准备逃走;很快,它们改变了航线,慢慢向远方驶去。然而,暴风雨却变得更加猛烈了,致使王后他们无法进入迪耶普港。于是,他们只得沿着海岸行驶,随时有触礁沉船的危险。终于,王后的船成功进入一个岩石海湾,这里可以远离暴风和巨浪。他们可以

迪耶普港

第三章 亨利埃塔王后的抗争

寻找机会上岸。王后下令放下救生艇,接着与随从一起爬上了岸边的岩石。尽管这些长年遭受海水拍打的岩石上面长满了海藻,又湿又滑,但王后还是爬了过去。王后一行人沿着海岸继续向前行进。他们全身湿透了,精疲力竭了,最后来到一个小渔村。王后走进一间破旧不堪的房子,躺在角落的稻草上睡了一觉。

英格兰王后成功上岸的消息迅速传开了,当然,这样的消息令人们非常振奋。第二天一大早,附近的贵族们便驱车蜂拥而至,为亨利埃塔带来了生活必需品。他们还带她去他们家中做客,并提供马车和随从护送王后去她自己想去的地方。王后现在最需要的就是休息。于是,按照她的安排,贵族们将她送到波旁温泉疗养院。王后在那里住了一阵子,直到身体有所恢复。之后,巴黎的一些权贵派人来到疗养院,给王后送来了钱和一切生活必需品,并在合适的时机护送她来到巴黎,安排她住进了卢浮宫,卢浮宫是巴黎当时最重要的宫殿之一。

尽管这位流亡王后的生存环境有所好转,但她一点儿也不高兴。在危险以及为脱身而努力所激起的兴奋过后,王后的精神开始消沉,总是呈现出苍白而又绝望的神色。她终日以泪洗面,悲痛于和丈夫、孩子们的分离。她总是想起她那留在敌人当中出世未满三个星期、没有任何抵抗能力的孩子。她极度渴望得到孩子的消息，经常因为自己抛弃孩子而自责。

这些事件所涉及的地方名声大振，亨利埃塔王后在埃克塞特的居住以及她那具有传奇色彩的逃亡故事在当地流传下来，并代代相传，直至今日。人们为她画像，并将画像悬挂在埃克塞特市政厅里，以纪念这位王室贵宾。婴儿出生的那座宫殿早已不见踪迹，但王后的画像却一直挂在市政厅里。

第四章

孩子们的逃亡

精彩看点

身处险境的孩子们——国王成功阻止艾塞克斯占领埃克塞特——父女相认——亨利埃塔·安妮小公主乔装打扮——母女重聚——查理王子从英格兰逃离——穿过康沃尔郡——在泽西岛登陆——长途跋涉抵达巴黎——隆重的接待——詹姆斯设计出逃——前往荷兰——与奥兰治亲王及姐姐会合——小亨利和伊丽莎白的境遇——留在英格兰，无法脱身——与父亲的诀别——伊丽莎白的悲惨命运

第四章 孩子们的逃亡

我们在上一章结尾提到，查理王子的母亲住进了法国的卢浮宫。尽管她所需要的一切都有了保障，尽管她是以王室成员的身份住进了塞纳河畔这所宏伟壮观的宫殿，但她本人总是郁郁寡欢，闷闷不乐。她的确已经成功摆脱了英格兰境内威胁她的可怕危险，但她却把丈夫和孩子们留在了那里。因此，只要她所爱之人身处险境，她便不能真正地在这个暴风中找到避难所安然度日。王后一共有六个孩子。长子查理王子当时正在英格兰西部的一个军营，作为名义上的军队首领为捍卫父亲的王位而战。王子当时只有十四岁。王后的长女玛丽，也就是奥兰治亲王的妻子，正安全地待在荷兰。她比查理小一岁。王后的第三个孩子詹姆斯，也就是约克公爵，当时只有十岁左右。牛津失陷的时候，詹姆斯留在了那里，随后被议会军俘虏。敌军指挥官把他押至伦敦。这对于一个孩子来说的确不容易,但他却因此得到了一些安慰,正是因为被押至伦敦,他才有机会与妹妹伊丽莎白和弟弟亨利相聚,这两个孩子一直待在伦敦。当时,伊丽莎白年仅六岁,亨利只有几个月大。因为他们年龄还小,看管他们的人认为他们根本不可能逃跑,所以对他们的看管并不严。他们住在伦敦的一座宫殿里,由几个身居要职的人看管。詹姆斯跟着父亲经历过多次战斗,这个细心体贴的小男孩已经知道他们家族陷入困境、面临可怕危险的状况。其他两个孩子因为年龄太小,既不知道也无法理解这些,整天在宫殿里尽情玩耍,捉迷藏嬉戏,好像他们的父母亲安然无恙似的。

伊丽莎白抱着妹妹安妮

第四章 孩子们的逃亡

尽管这些孩子对自己的处境并不感到焦虑，但他们那被迫流亡的母亲却为此感到悲痛不已，无时无刻不在担心他们的人身安全。然而，她最想念、最担心的还是那个襁褓中的婴儿，她还么小就置身于最为危险的境地。出于某些政治方面的原因，她勉强同意让其他的孩子接受她所认为错误的宗教信仰。她为此深感内疚。现在，她虔诚地祈求上帝让她那最小、最可怜的孩子活下来，她在痛苦中向上帝发誓，如果孩子能回到她的怀抱，她定要打破一切束缚，将孩子培养成一名真正的天主教信仰者。后来，她认真地履行了这一承诺。

大家应该还记得前面提到的，当亨利埃塔从埃克塞特逃离的时候，她把那个可怜的孩子交给莫顿伯爵夫人照料。她是一位年轻貌美、聪明能干的女性。王后离开后不久，孩子的父亲便来这里看过孩子。原来，国王查理一得知艾塞克斯率军围攻王后的栖身之地埃克塞特的消息，就立即集结军队前去营救。国王和他的军队及时赶到，成功地阻止了艾塞克斯占领埃克塞特。事实上，国王赶走了围困者，顺利进城。此时，王后已经逃走，而国王找到了那个孩子。

看着这个陌生的婴儿，国王悲喜交加。他让人为孩子施了洗礼，并取名为亨利埃塔·安妮。亨利埃塔取自她的母亲，安妮是亨利埃塔在巴黎的一位王嫂的名字，在亨利埃塔受难之时，安妮给予过极大帮助。国王将一切安排妥当，从埃克塞特地方财政收入中为莫顿夫人拨款；他认为把孩子留在埃克塞特比留在其他任何地方都要安全，于是便把孩子留在那里，他自己则继续与他的政敌进行殊死搏斗。

莫顿夫人在埃克塞特只待了一段时间，因为国王在全国各地的军事力量都逐渐遭到削弱。他的军队被击溃，城镇被占领，最后连他自己也被迫投降，沦为阶下囚。像国内其他的军事要塞一样，埃克塞特也落入了议会军之手。他们将莫顿夫人和小亨利埃塔送往伦敦，不久安排她们住进了王后与其他孩子以前住过的地方——奥特兰兹。这是一处清静而安全的住所，但莫顿夫人并不愿待在这里。她急切地想把孩子们带到巴黎，使她们母女能够团聚。后来，莫顿夫人听说议会不打算让她继续照看孩子，于是，她决定铤而走险，逃离此地。

亨利埃塔·安妮当时已经两岁了，正在牙牙学语。当有人问她叫什么名字的时候，众人就教她说"公主"，但她能说出"公主"这个词的前几个字母，事实上，她只能说出"普拉"。莫顿夫人决定把自己乔装打扮成乞丐婆，公主女扮男装，然后一起混出城去。她身材高挑，

莫顿伯爵夫人(1612—1654)

举止优雅，美丽动人，所以假扮成既老又丑的乞丐是很难的一件事。然而，她把一团亚麻布塞进后背，假扮成驼背之人，走起路来弯着腰，装成年迈的样子。她衣衫褴褛，用那些所谓的能使人年轻貌美的东西在脸上乱涂乱抹，装扮成丑八怪，她把孩子绑在脊背上，手里拿根棍子，瞅准时机，偷偷溜出宫殿，希望以这样的方式神不知鬼不觉地走到多佛。就这样她们走了五十英里，但一路上到处是敌人。

小亨利埃塔要装扮成小男孩，鉴于路上有可能被问到孩子的名字，莫顿夫人不得不给她起一个名字，这个名字在某种程度上说要与那些类似问题的回答相符。于是，她给孩子取名为"皮埃尔"，至少，这样的名字听起来像公主所回答的"普拉"。可怜的孩子，尽管年龄太小，话说不清楚，但还是能说很多东西。她对身上穿的脏兮兮的破衣服以及被人称为"小乞丐"非常愤怒。她坚持告诉她所遇到的每个人她不是男孩，不是乞丐，自己也不叫皮埃尔，她是一名公主。然而，幸运的是，小亨利埃塔口齿不清，说话让人难以理解，因此，每每这样的事情发生时都会让莫顿夫人惊恐万分，但这从未引起其他人的注意，也没有暴露她们的真实身份。

与每一个合理的预料相反的是，莫顿夫人顺利地完

第四章 孩子们的逃亡

成这次冒险。她终于安全抵达多佛。她安排好一切，从多佛乘坐小船出发前往加来。最终，她安全抵达法国海岸，在那里她脱掉了伪装，恢复了自己的优雅与美貌。此时，她再也不需要隐瞒真实姓名和性格，终于可以放心安全地赶往巴黎。我们能够想象当亨利埃塔再次把她可爱的孩子抱入怀中时，她所表现出的兴奋与激动，这一幕即使是最沉着稳重的美国母亲也能想象得到。但亨利埃塔在表达兴奋之情时的那种狂乱，只有那些精通法国人性情以及行为方式的人才能够理解。

事实上，在小亨利埃塔从伦敦她父亲的敌人手中逃离之前不久，查理王子已经逃离英格兰。在他的父亲察觉自己的事业已经毫无希望之时，国王便传令给负责照看王子的人，让他们向英格兰西南海岸撤退，如果议会军向那里逼近的话，查理王子可以经海路逃走。

英格兰西南部的康沃尔郡高山连绵。这里的位置偏僻，人迹罕至。该郡海岸附近的山脉在水面下绵延二三十英里，然后露出水面，从而形成诸多岛屿。与陆地相比起来，这些岛屿更加孤寂。这就是锡利群岛。这里与世隔绝，无比荒凉，只有那些躲避风浪的船舶才会来这里。查理王子从一个营地撤退到另外一个营地。穿过康沃尔郡后，他的危险与日俱增，甚至迫在眉睫。最后，他必须离开英格兰。他登船起航，首先来到锡利群岛。

从锡利群岛出发，查理王子继续向东行驶，目的地是法国海岸。他先在泽西岛登陆，尽管这里非常接近法国海岸，而且当地居住的是法国人，但主权属于英格兰。王子在这里受到了热烈的欢迎，因为当地官员极力拥护他父亲的统治。泽西岛地处南部，风景秀丽，气候宜人。这里没有笼罩英格兰山野的浓雾和滂沱大雨，有的是盛开在温暖阳光下的鲜花，结满了丰硕果实的茂林。

然而，查理王子并没有在泽西岛停留太长时间。他的目的地是巴黎。最后，经过长途跋涉他终于成功抵达巴黎。作为王子以及英格兰王位继承人，查理在母亲卢浮宫的新家受到了隆重的接待。当时他十六岁。下一章节我们将重点讲述他在旅途中的冒险经历。

约克公爵詹姆斯仍然留在伦敦。他在那里待了两年，期间，他父亲的反击彻底失败。国王的所有军队都被击败，他的朋友最终都离他而去。国王只能投降，沦为阶下囚。这位不幸的国王被他的敌人从一个城堡押送到另一个城堡，严加看守。最后，疲惫不堪、陷入绝望的国王被带到伦敦接受审判。与此同时，詹姆斯和他的弟弟格洛斯特公爵以及妹妹伊丽莎白仍待在圣詹姆斯宫。我们之前已经提到，他们三人由几名身居要职的官员看管。

第四章 孩子们的逃亡

王后极为关心詹姆斯的出逃。他年长于其他孩子，查理王子如果不幸遭难，他自然而然会成为下一任王位继承人。事实上，他确实活到他哥哥统治结束的时候，并且成功继位，史称"詹姆斯二世"。因此，他成了父母亲最希望获救的人，然而，议会也因为相同的原因一直牢牢地控制着他。看守詹姆斯的官员接到特别命令，采取有效措施严加看管。为了防止詹姆斯逃跑，他与父母亲以及朋友的书信往来遭到禁止。看守的官员也采取一切手段阻止诸如此类的通信，而且作为另外的预防措

詹姆斯与父亲查理一世

施,看守人员让詹姆斯承诺,非看守人本人经手的任何人的任何信件他都不能接收。

然而,詹姆斯的母亲对这一切并不知情,她给詹姆斯写了一封信,交与可以信赖之人,并嘱咐此人寻找合适的时机,在不被人察觉的情况下交给詹姆斯。当时有一项被称作"网球"的球类运动,在英格兰和欧洲大陆颇受欢迎,事实上,这一项目至今仍然非常流行。该运动需要一个长方形场地,四周砌有高高围墙。人们可以通过皮球击打围墙进而反弹,从而获得乐趣。这样的场地被称为"网球场"。通常情况下,王室宫殿中建有这样的网球场。圣詹姆斯宫就有一个,小詹姆斯似乎时不

网球运动

第四章 孩子们的逃亡

网球场宣言

时会去那里玩耍。在这里,我想补充说明一下:凡尔赛也有这样一个网球场,在国民大会休会之际,在大革命开始之初,第三等级在此聚集,并庄严承诺,不制订和通过宪法,绝不解散,这就是历史上著名的"网球场宣言"。给詹姆斯送信的人有机会在小王子前往网球场以及回来的路上看到他,于是决定在这里将书信交给他。当詹姆斯经过的时候,他悄悄地靠近,说:"快拿着,这是你母亲给你的。"

詹姆斯往后一退,说:"我不能拿,我保证过我不能这么做。"

送信之人回禀王后说,他将书信交给詹姆斯,但他却不要。詹姆斯的母亲甚是不悦，想弄明白这种奇怪的拒绝到底是什么意思。

尽管与詹姆斯无法保持通信联系，但最终他还是获准与父亲见上一两面，见面的时候，父亲建议他如有可能尽量逃走，并前往法国与他的母亲会合。詹姆斯决定听从父亲的嘱咐，立即开始制订出逃计划。他当时十五岁，当然，这样的年龄足以让他使用一些手段成功逃脱。

我们已经提到过，詹姆斯已经习惯跟比他小的孩子玩捉迷藏游戏了。他现在开始寻找最隐蔽的藏身之处，这样别人就无法找到他，当他把自己藏起来的时候，他便会在那里待上很长的时间，直到他的伙伴最终放弃寻找。通常他会在消失大约半个小时之后重新出现。他认为他可以通过这样的方式使他的伙伴们以及看管他的随从们慢慢习惯长时间看不到他。这样一来，他最终消失的时候，便不会引起任何人的注意和怀疑，从而为他安全踏上旅途提供时间上的保障。

与他母亲一样，詹姆斯也有一只小狗，但他却不像母亲那样为了避免与狗分开而甘冒生命危险。因此，最后的逃离时机来临的时候，他便把小狗锁在房子里不让它跟着，这样他就不会被人发现并遣送回来。接着，他和弟弟妹妹以及其他玩伴一起玩捉迷藏游戏。他表面上

第四章 孩子们的逃亡

离开去找地方躲藏，实际上他却和一个叫班菲尔德的朋友偷偷溜出了宫门。班菲尔德是他的一个仆人。宫殿的后面是一个公园，詹姆斯便是从这里逃走的。离开公园之后，他们两人迅速穿过伦敦，沿着泰晤士河向河口附近的格雷夫森德港前进，他们打算在那里登船前往荷兰。他们事先乔装打扮，詹姆斯戴了一个假发，就像变了个人似的。他还穿上了与平时不太一样的衣服。他们两人顺利穿过整个地区而没有被发现。他们抵达格雷夫森德，在那里登船出发，去荷兰投奔他的姐姐和姐夫奥兰治亲王。不久，他请人传话给母亲他已安全抵达荷兰。

他的弟弟和妹妹仍然待在英格兰。他们年龄有些"尴尬"，既小得自己无法脱身，又大得不可能像小亨利埃塔那样被人抱着逃走。然而，他们却得到一丝安慰，因为他们能在父亲执行死刑之前见他一面，跟他道别。被判处死刑之后，国王要求见见这两个孩子。孩子们被带到关押父亲的监牢里与他相见。与孩子们的诀别，以及通过孩子们向其他的兄弟姐妹还有他们的母亲表达的爱意与道别的场面令人动容，那是我们透过漫漫历史长河的镜头所能看到的最令人感动的场面。小格洛斯特年龄太小，无法理解此刻的悲伤，但是伊丽莎白却能深刻地体会到这种痛苦。她已经十二岁了。当被带到父亲跟前的时候，她放声大哭，悲伤地哭了好长时间。而她的弟弟，看到姐姐哭得如此伤心，尽管不明白其中缘由，也开始痛哭起来。伊丽莎白非常细心，在与父亲相见之后，她马上将这最庄严诀别时刻所发生的一切记了下来。她这样写道：

> 1648年1月29日，我有幸见国王最后一面，下面是他对我说的话：
>
> 他对我说他很高兴我能来看他，尽管我们没时间说太多的话，但他还是希望告诉我一些事情，他不想把这些事情告诉其他人，他还害怕残暴之人不让他留下任何遗书。"可是，亲爱的，"他说道，"你会忘记我告诉你的一切。"接着，我流着泪告诉他我会把他告诉我的一切全部记下来。他还说希望我不要为他感到伤心痛苦，因为他的死是荣耀之死，他的牺牲完全是为了国家的法律和宗教。他告诉我应该读哪些书抵制罗马天主教。他说他已经原谅了所有的敌人，希望上帝也能原谅他们。他还要求我们，包括其他的兄弟姐妹也要原谅他们。最重要的是，他让我告诉母亲，他无时无刻不在挂

伊丽莎白公主与格洛斯特公爵亨利获准去见查理一世

念她，他对她的爱至死不变。而且他要求我还有弟弟要爱母亲，乖乖地听她的话。他希望我不要为他感到悲伤，因为他会像烈士一样死去，他坚信上帝会把王位还给他的儿子，到那时我们会比他还活着更加高兴。

然后，他把弟弟格洛斯特抱至膝头，他说道，"亲爱的儿子，他们现在要砍掉你父亲的头颅。"孩子紧紧地盯着他。"听我说，我的孩子，他们将要砍掉我的头颅，也许会让你成为国王，但是记着我说的话，只要你的哥哥查理和詹姆斯尚在人间，你就不能成为国王，因此你绝对不能让他们把你立为国王。"听到这里，弟弟深深叹了口气说道："要是那样就让他们先把我撕碎吧。"这么小的孩子竟能说出如此坚定的语言，这让父亲意想不到，同时他又倍感欣慰。父亲还向他说起了灵魂的安宁，让他坚信自己的信仰，敬畏上帝，因为上帝能满足他的一切所需。对于父亲所说的一切，弟弟都做出了保证。

国王死后，议会把两个孩子关了一段时间，但到后

第四章 孩子们的逃亡

来他们竟然不知道该把这两个孩子怎么办。克伦威尔共和政府建立后,甚至有人建议将两个孩子送走去充当学徒,让他们学点儿有用的技术。不过,该建议并未付诸实践。他们被当成囚犯,最后被送到卡里斯布鲁克城堡,这里是曾经关押过他们父亲的地方。像其他孩子一样,小亨利继续长高长大,他年龄太小,所以无法理解自己的凄惨。然而,伊丽莎白却悲痛不已。她为父亲的惨死、母亲和哥哥们的流亡以及自己那令人厌倦而无望的牢狱生活感到极度悲痛。陪伴伊丽莎白的只有弟弟"小哈里"(她经常这么称呼自己的弟弟)以及父亲在诀别时留给她的一本圣经。父亲离世之后,她在牢狱中熬过了两年时间,直到最后脸上出现疾病症状,眼睛里露出奇特的神色。他们派来以前给孩子的父亲看病的医生为她诊治,看能不能救她一命。然而他的药方并没有起到作用。一天,一个仆人来到她的房间,看见她坐在椅子上,整个头埋在摊开的圣经上,她经常把圣经放在桌子上当枕头使,每次读完之后便枕在上面休息。此刻她却一动不动。他以为她睡着了,可是她的眼睛却睁着。她就这样死去了。这个可怜孩子的悲伤与痛苦永远结束了。

共和党人已经控制了整个英格兰,尽管他们铁石心肠,但他们还是被这个漂亮而无辜小女孩的悲惨命运所打动。于是,他们缓和了严厉制裁王室家族的政策。在格洛斯特的姐姐死后,他们把小格洛斯特送到了他的母亲那里。

查理王子在巴黎的岁月

精彩看点

查理王子到达巴黎之后的处境——小路易王子——枫丹白露——盛大婚礼——安妮·玛丽亚——亨利埃塔的盘算——查理王子的礼遇——安妮·玛丽亚眼中的查理——与王子的交往

第五章 查理王子在巴黎的岁月

查理一家的经历太过复杂,我们不可能按照时间顺序对每一部分进行叙述。说完查理一家不同成员从英格兰艰难逃离危险的故事之后,我们回过头来看一看查理王子在欧洲大陆期间的冒险吧,确切地说,我们在这一章讲述的是法国王室对他的接待。他是第一个出逃的孩子,于1646年到达法国。他的父亲是在他到达法国两年后被处死的。

为了让读者清楚地了解查理到达巴黎后所处的环境,我们必须首先理清当时法国王室家族的情况。他们有时住在枫丹白露。这个宫殿气势恢宏、富丽堂皇,坐落在一个大公园中,离巴黎大约四十英里。前面我们提到过,亨利埃塔是一位法国国王的妹妹。那位国王就是路易十三。然而,在亨利埃塔王后到达法国前不久,路易十三便离开了人世,他年仅五岁的儿子继承王位,史

查理二世

孩提时期的路易十四与母亲奥地利的安妮

称"路易十四",后来他乾纲独断,成就了伟大的事业,一直被视为最著名的法国国王之一。他是查理王子的表弟。查理王子来到法国的时候,他还是个孩子,大概八岁的样子,自然不能真正行使管理国家的权力。于是,他的母亲奥地利的安妮就成了摄政王,被授权管理国家事务直至年幼的国王长到能够以自己的名义行使权力的年龄。奥地利的安妮对亨利埃塔非常友好,每当亨利埃塔受难之际,安妮总能为她提供帮助。当亨利埃塔拖着

第五章 查理王子在巴黎的岁月

病恹恹的身体冒死前往埃克塞特的时候,当她希望能在那里找到避难之所,并找到康复方法的时候,是安妮派人送去钱财、衣物等生活必需品。

除了已经死去的路易十三国王,亨利埃塔还有一个哥哥,名叫加斯顿,是奥尔良公爵。奥尔良公爵有个女儿,袭了母亲的头衔,世称蒙旁西耶女公爵。她自然便是查理王子的表姐。身为已故国王的兄弟以及当今国王的叔叔,奥尔良公爵成了代理国王,管理着国家的一切事务,地位仅次于王后。因此,小国王开始执政的时候,

亨利埃塔王后的哥哥奥尔良公爵加斯顿

母亲是摄政王，叔叔是代理国王，姑姑是贵宾——从姊妹之国流亡的王后。除此之外，他还有个弟弟，名叫菲利，他的堂姐是蒙旁西耶女公爵，表哥是查理王子。下面的表格更为清晰地描述了这些人物的关系：

路易十四时期法国王室成员

亨利四世	路易十三 奥地利的安妮	路易十四 8岁的菲利普
	加斯顿的奥尔良公爵 蒙旁西耶女公爵	蒙旁西耶女公爵
	亨利埃塔·玛丽亚 英王查理一世	16岁的查理王子

上面的表格中，第一栏是亨利四世，第二栏是他的三个子女以及他们的配偶，第三栏是他的四个孙子女，他们是堂兄弟姊妹或表兄弟姊妹，当时一起住在法国的王宫里。

我们之前就已经提到过，查理王子到达法国的时候，法国的小国王大约只有八岁。小国王住在巴黎城中的王宫里面，当时这里是——至今还是——世界上最著名的建筑物之一。这座宫殿是由一位以前的权威大臣花费巨资修建的，他是一位红衣主教，因此，他所居住的官邸被称为"主教宫"。不久之前这里成为王室家族居住场所，并改名为"王宫"。摄政王后现在住在这里，宫内

少女时代的蒙旁西耶女公爵

的一切奢华无比。其中有间房子，叫"祈祷室"，是专门用来祈祷的密室。阳光通过一扇大窗户射进房间，窗框是银制的。房间里装饰着极其昂贵的挂画和家具，金银制品随处可见，富丽堂皇。小王子自己也有许多房间，所有的家臣和侍从的年龄与他相仿。这些孩子们一直忙着准备各种各样的盛会、典礼和模拟的军事阅兵，他们拿着小型的兵器和徽章，穿着真正的君主和大臣们所穿的服饰进行演练。在花销没有任何节制的情况下，一切均按真正的仪式进行。尽管小国王的那些小军官和大臣们没有真正行使的权力，但这样的演习却比通常的典礼仪式更能体现皇室的规模与治理方式。的确，这是孩子们的一场游戏，但这也许是历史上最壮观、最奢华的游戏了。当查理王子来到法国的时候，他发现自己便处于这样一种非同寻常的环境之中。

查理王子到法国的时候，小王子他们碰巧不在巴黎，他们住在枫丹白露。我们已经在上文中说过，枫丹白露位于巴黎以南大约四十英里处。那里有一座极其恢宏的宫殿，还有一座城堡，两处均始建于古代。附近有一座城镇，城堡和城镇被一大片森林公园包围，这里是法国王室在欧洲最大最宏伟的领地之一。很久以前，这片森林是法国国王的狩猎场。森林面积达四万英亩，绵延数

第五章 查理王子在巴黎的岁月

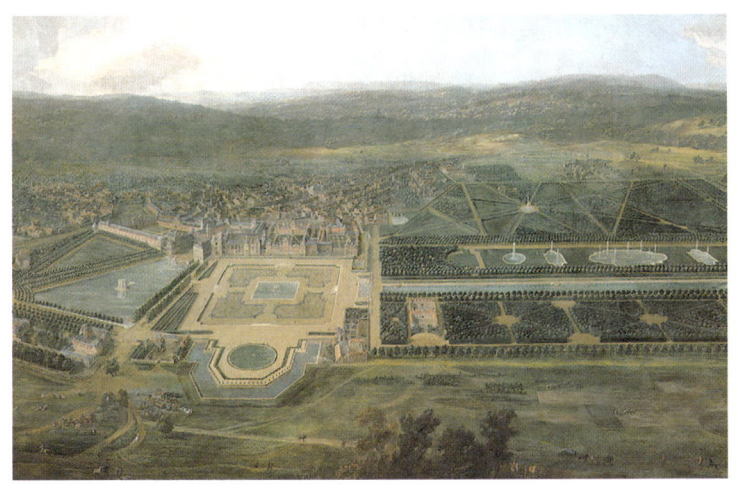

枫丹白露宫

十英里。查理王子来的时候,王室成员正在枫丹白露的宫殿里庆祝一场婚礼。于是,查理王子便来到这里与他们会合。

在法国,盼望查理王子到来的有两个人,一个是他的母亲,另一个便是他年轻的表姐——蒙旁西耶女公爵。蒙旁西耶女公爵的教名是安妮·玛丽亚·路易莎①。当时只有十九岁的她行为放荡,举止轻浮,爱卖弄风骚,并因为继承了已故母亲的遗产而十分富有。尽管她的父

---

① 根据史料记载,她当时被称为"蒙黛瓦塞利",因为她是王国中既年轻又漂亮的女子。在我们的叙述中,我们称她为"蒙黛瓦塞利·德·蒙旁西耶",为了叙述方便,我们也称她为"安妮·玛丽亚"。——原注

亲身为代理国王，还是先王的兄弟，但他并不富裕。母亲去世的时候把一切都留给了女儿安妮·玛丽亚。安妮·玛丽亚生来高傲自大，现在她的父亲又习惯了时不时向她要钱，这使她变得更加傲慢，目空一切。人们给她提了几桩婚事，其中就有神圣罗马帝国皇帝。皇帝结过婚，他的第一任妻子是安妮·玛丽亚的姑姑，她刚刚离世。由于皇帝的身份无比尊贵，所以与其他的人选相比，她更倾向于他，而且她对此事毫不隐瞒。神圣罗马帝国皇帝没有向她求婚，但她认为只要他从妻子离世的悲痛中缓过来，他就一定会来求婚，所以她愿意等待，希望成为他的新娘后，获得梦寐以求的高位。

然而，亨利埃塔王后另有打算。她非常希望安妮·玛丽亚嫁给她的儿子。当然其中有许多原因。这位少女是法国王室的公主，而且她还非常富有，尽管她的年龄比查理大，但仍然年轻貌美。查理十六岁，安妮·玛丽亚大约十九岁。从某些方面来讲，查理王子现在确实贫困潦倒，流亡在外，没有财产，没有家园。但他依然是一位王子、英格兰和苏格兰的王位继承者。而且他很年轻，多才多艺。对于亨利埃塔来说，这些高尚品质——也许从母亲的角度略微夸大了一些——似乎足以使高傲自负的女公爵成为王子的新娘。

神圣罗马帝国皇帝斐迪南三世

我们必须牢记，这一切都发生在国王查理一世被处决之前，当然，当时的情况要比以后好很多，不像后来那样令人绝望。查理王子到来之前，亨利埃塔王后经常与安妮·玛丽亚交谈。谈话时，王后经常高度赞扬王子的容貌和才能。她向安妮·玛丽亚女公爵描述了王子在英格兰时的种种冒险以及九死一生的经历。她还告诉女公爵儿子查理对她如何孝顺；作为将士，查理在为他父亲的作战中表现得多么英勇。她描述着儿子的容貌和举止，猜测着儿子来到法国王宫后将会怎样行事，会形成怎样的兴趣爱好，会受到怎样的对待。年轻的女公爵听着这一切，脸上露出一副漠不关心的神色，这种神情一部分是真的，一部分是装出来的。女公爵情不自禁地想要看到她的表弟，以满足自己的好奇心。但她心里却一直想要实现嫁给神圣罗马帝国皇帝这一更加宏伟的目标。因此，安妮·玛丽亚对无家可归、流亡在外的表弟并不会那么在意。

查理王子来到法国后，首先去巴黎与母亲见面。接着他们受邀前往枫丹白露，我们已经说过，小国王和宫中其他人当时都住在那里。于是，亨利埃塔和查理王子便前往枫丹白露。他们在那里受到了极为尊贵的接待。在二人即将到达之际，摄政王后与小国王乘坐马车，穿

摄政王后奥地利的安妮与两个儿子路易十四和菲利

越森林，行进好几英里迎接他们。一大队马车和骑兵按照惯例随行，母子二人一路行来，接待皇家贵宾的仪式一样也不少。

当马车在树林中相遇后，他们停了下来，身份尊贵的人们下了车。亨利埃塔把自己的儿子介绍给摄政王后、路易国王以及其他一些随行的尊贵人物。这些人当中就有安妮·玛丽亚。摄政王后让亨利埃塔和查理王子上了自己和小国王的马车，随后一行人便返回王宫。对于新认识的人、新的环境以及如此隆重的欢迎仪式，查理王子有点儿窘迫，法语知识的欠缺使他更加尴尬。他能听懂别人说的法语，但他自己却说不好。他显得有些不知所措。他与安妮·玛丽亚交谈的时候，情况更为糟糕。安妮·玛丽亚比查理大几岁，由于对当时的各种仪式和语言了如指掌，所以她显得非常自如，另外，那种与生俱来的性情使查理王子无法感到自在。总之，当时所发生的情况与其他类似的场合一样，男孩子害怕女孩子。

王后一行人回到了宫殿。下车的时候，小国王挽着姑姑英格兰王后，而查理王子挽着摄政王后，两位夫人就这样在孩子的陪同下进了大厅。第二天，摄政王后的客厅里便有了指定给王子的座位，这就意味着他成了王室家族中的一员。在枫丹白露待了几天后，所有的人回了巴黎。

第五章 查理王子在巴黎的岁月

后来,安妮·玛丽亚写了一些关于她早年生活的回忆录,在她去世之后出版。在回忆录中,她讲述了第一次与王子见面的情形。她这样写道:

> 他只有十六七岁,个子高大,头发乌黑,皮肤黝黑,相貌尚可。但他既不会说法语,也听不懂法语,这一点很不方便。不过大家却想尽办法逗他开心。在枫丹白露所待的三天时间里,除了狩猎,人们还进行了那个季节所能举行的一切活动。他对任何一位公主都很关心,我立刻发现英格兰王后想要劝服我,还说他已经爱上我了。她告诉我他不停地提到我,还说要不是她出面阻止,他会一直待在我的房间①不离开。还说他觉得我很适合他,当听到神圣罗马帝国皇后去世的消息时,他非常绝望,因为他害怕他们会把我嫁给神圣罗马帝国皇帝。我听着她讲的一切,但她所说的并没有对我产生她希望看到的效果。

在枫丹白露待了几天后,所有的人全部返回巴黎,

---

① 这里指安妮·玛丽亚的住所。在法国,一家人居住的一套房子被称为"apartment"。——原注

亨利埃塔王后和王子继续住在王宫里。法国王宫的宏伟华丽在查理王子心中留下了深刻的印象，所体验的一切完全不同于他在英格兰所习惯的军营里那种简单的生活方式。所有的礼节，甚至是最细微的动作都有非常严格的要求，社会交往和娱乐成为一场了无止境的仪式。然而，尽管有如此盛大宏伟的规模以及大批军官和随从的侍奉，所有的活动中似乎仍然不可避免地混杂着不便与混乱。之前在枫丹白露的一场盛大宴会中，所有参加婚礼的王子和权贵们都来齐了，可是厨师们却在厨房吵起了架。盛大的宴会就因为一道菜而搞得一团糟。还有一次，一大群宾客正通过几个房间，他们走下一个大楼梯，当时有几位身份显赫的外国人想起身离开，但他们却发现他们想要通过的地方漆黑一片。原来是仆人们忘了点灯。

　　这些以及其他类似的事件表明，奢华和排场可能会造成混乱与不便，正如巨大的财富和权力一样，它们可能不会带来真正的幸福。然而，查理王子不久便对人们在枫丹白露以及巴黎的那种生活方式产生了浓厚的兴趣。他开始参加不计其数的舞会、宴会、节日庆典以及外出游玩，并且因为安妮·玛丽亚的存在，他参加这些活动的愿望更加强烈。很快，王子便对安妮·玛丽亚产生了特殊的兴趣，那种由公主兼继承人所激发的兴趣。

安妮·玛丽亚在关于她早期生活的回忆中，生动形象地描写了许多以她和王子为主人公的场景。她写法随意，形象生动，这使她对这一时期生活的描述非常有趣。

安妮·玛丽亚非常细致地描写了她和王子在交往过程中的点点滴滴，尤其是那些有年轻王子所陪同参加的各种舞会、宴会以及外出游玩的经历。她的虚荣心也因为王子对她的兴趣而得到满足，但她在内心却感受不到那份深深的爱意，查理王子根本无法打动她。她把自己留给了神圣罗马帝国皇帝。

一天晚上，他们都受邀参加舒瓦茜公爵夫人举办的盛大舞会。舒瓦茜公爵夫人住在一处名叫舒瓦茜酒店的豪宅中。就在大家准备赴约参加舞会前，亨利埃塔王后带着查理王子来到安妮·玛丽亚住处。王后来到这里表面上是给安妮·玛丽亚整理服饰和发饰，其实是在坚持实施自己的计划：时刻给年轻人创造机会，让他们两人待在一起。

安妮·玛丽亚在叙述中这样写道："她来给我整理服饰和发饰。她来到我的房间，非常努力地把我打扮漂亮，威尔士亲王则举着蜡烛一直站在我旁边，为我照亮梳妆台。我穿着黑色、白色和粉色相间的衣服，佩戴的珠宝用颜色相同的丝带系着。我还戴了一支与丝带颜色相同的羽毛。所有这一切都是亨利埃塔姑姑为我选定的。得知亨利埃塔姑姑为我整理打扮,摄政王后派人传话,要我一切准备就绪后在赴宴之前见见她。于是,我便前去见王后,这就给了王子一个机会,让他立刻前往舒瓦茜酒店,并在那里准备好迎接我。我到达的时候发现王子正在门口,准备接我下车。我在一个房间停下来重新整理头发,威尔士亲王便又举起蜡烛为我照亮。这次他带着他的表弟鲁珀特王子作为我们两个人的翻译。不管你信不信,虽然他能听懂我说的每一句话,但是他却不能用法语回答一个字。舞会结束我们返回的时候,王子一直跟着我来到我住的旅馆的门房①,一直等到我进去他才离开。"

"还有一次,他的殷勤引起了很大的注意。那是在王宫举行的一场盛大庆典上。庆典由带背景音乐的戏剧表演和一场舞会组成。为了迎接那个晚上的庆典,我足足用了三天时间准备我的饰品。这次还是英格兰王后为我打扮。我的礼服全部用钻石以及粉色的饰品点缀。我佩戴着法国王冠上的珠宝,不但如此,英格兰王后还把她的一些饰品借给我,那些饰品是她当时没有卖掉的。

---

① 巴黎所有重要住所当中,主要的建筑物都坐落在街道的后面,这样形成一个存在灌木丛、鲜花与中心喷泉的庭院。庭院往往有很大的门或拱门通向街道,其中一边是住着守门人门房。进入门房要走拱门下面。——原注

青年时代的蒙旁西耶女公爵

王后极力夸赞我优美的体态、气质、漂亮的肤色以及秀发的光泽。我坐在舞厅中央,非常引人注目,年轻的法国国王和威尔士亲王坐在我的下首。我觉得一点儿都不尴尬,因为我已经有了嫁给神圣罗马帝国皇帝的想法,威尔士亲王只是一个被我怜悯的对象而已。"

就这样过了一段时间,直到最后巴黎爆发政治性风暴才打破了王室家族的这种常规生活,并且有一阵子迫使他们离开了那里。在风暴平息之前,亨利埃塔和她的儿子接到了她丈夫被处决的消息,这一晴天霹雳使他们母子二人深受打击。这个可怕的事件甚至一度让一切享乐活动停了下来。王后离开她的孩子们,离开她所居住的宫殿以及她的所有朋友们,来到修道院一个人孤独地哀悼她那无法弥补的遗憾。

与安妮·玛丽亚谈判

精彩看点

查理一世被处死——查理二世成为英格兰和苏格兰的国王——法国皇室家族与政府和巴黎的人民之间严重的矛盾——引发暴动——王室成员连夜出逃——安妮·玛丽亚以别人遭受的恐惧，困难和艰辛进行自我娱乐——国王查理谋划重新执掌大权——海牙私人参议会和朝廷——政治计划——查理向安妮·玛丽亚提婚——安妮·玛丽亚的抉择——贡比涅不幸的晚宴——悬而未决的婚事

第六章 与安妮·玛丽亚谈判

父亲的死亡使我们的查理王子成了国王查理二世，他是英格兰和苏格兰的国王。根据英格兰宪法的规定，从理论上讲，他已经成了国王，尽管他现在还处于流亡状态。尽管他不能行使他所认为的统治权，但他还是得到了英格兰保皇党的承认，还得到了所有欧洲国家的承认。他们这些人中没有人会帮助他夺取王位，但是在他去过的宫廷和皇家宫殿中，他被奉为国王，至少在形式上他受到属于国王的那种至高无上的礼待。

得知丈夫被处死的可怕消息后，亨利埃塔王后悲痛欲绝。她陷入了苦难，面临着考验。正如上一章我们所讲述的，法国王室、政府与巴黎人民出现了严重的矛盾，从而引发了暴动。为了保命，小国王和他的母亲以及所有的宫廷要人不得不连夜逃出城。他们一行二三十辆马车，点着火把，直到最后离开的时刻都还严格保密。逃

111

离时刻来临时，小国王还在床上睡觉，人们将他抱起来放进马车里。安妮·玛丽亚拥有的身份以及财富对她自己产生了很大的影响。从某种程度上讲，她在这次暴动中站在巴黎人民这边，所以她的姑姑摄政王后视她为敌人而非朋友。然而，逃离的时候他们仍然带着她，但她一路上总是想尽一切办法取笑和折磨他们。正如她在回忆录中叙述的那样，当她被人叫醒并告知从巴黎逃跑的计划时，她显得非常兴奋，因为她清楚出逃是非常不明智的选择，这会让所有的人陷入困境。

她迅速穿好衣服，下了楼梯，上前走到王后的马车前，说她想坐在马车当中的一个位置上——也就是最好的座位——因为她不想在这样的夜晚挨冻，也不想那么不舒服地坐着。王后告诉她这两个最好的座位是给她自己和另外一个随侍的贵妇坐的。听完后，安妮·玛丽亚回答道："哦，那好吧。我认为年轻人应该让着点儿老人。"

在他们准备乘车离开时，王后与安妮·玛丽亚闲聊，问她会不会因为被这么仓促地叫醒赶路出逃而感到惊讶。"哦，一点儿也不惊讶，"她说，"我父亲[①]已经提前将此事告诉我了。"但这并不是真的，这一点在她

[①] 就是奥尔良公爵加斯顿。——原注

童年时期的路易十四

自己后来的回忆录中提到过。在被人从床上叫醒之前，她对此事一无所知。她之所以这么说，是因为她只是假装事先已经有人向她泄密来戏弄她的姑姑而已。然而，她的姑姑却并不相信她所说的。于是，她说道："既然你已经知道我们要做什么，那你为什么还要上床睡觉呢？"安妮·玛丽亚回答道："哦，我认为小睡一会儿是一个不错的想法，因为我根本不知道明晚我还会不会有床睡觉。"

众人离开王宫前，出逃的人群蜂拥着钻进了马车，这些人极度恐慌，乱作一团。那是一月的午夜之后，天上没有月亮。当他们突然被人从床上叫醒，很显然他们被想象中的危险吓坏了，都争先恐后地想要尽快离开。因为走得匆忙，他们基本没有携带物品，甚至连日常最需要的东西也没带。最终他们还是出发了。他们很快便出了城，向一座古老的宫殿和城堡行进，这里就是圣杰曼城堡，位于巴黎东北大约十英里处。安妮·玛丽亚拿别人遭受的恐惧、困难和艰辛自我娱乐，她描述了他们在藏身之处度过的第一个晚上，她的描写形象地展现她的性格特征，读者可能想要读一读：

我睡在一间漂亮的房间里，油漆和装饰都

第六章 与安妮·玛丽亚谈判

还不错,房间也较为宽敞,点着一小堆火,房间没有窗玻璃①,这一点在 1 月的天气里让人有些不愉快。我睡在放在地板上的床垫上,我的妹妹没有床位,只能和我一起睡。我必须唱歌哄她入睡,可是她睡的时间却不长,因此她打搅得我也没有睡好。妹妹翻来覆去,感觉我在她旁边便又醒了,醒来后说她看见了野兽。于是,我只能再次唱歌哄她入睡,就这样我度过了那个漫长的夜晚。大家想象一下,对于我这样一个头天晚上没睡好,而且整个冬季都生病的人来说,这是怎样的一种经历。然而,这样的环境却治好了我的病。

过了不久,父亲便把他的房间给了我,但是当时没人知道我在那里,半夜我被嘈杂声吵醒。我拉开帘子,惊奇地发现房间里挤满了身着宽领衣服的人,他们也惊讶地看着我,我们互不相识。我没有换洗的衣服,因此只能在晚上上床后才叫人洗衣服。没有仆人为我洗漱穿衣,这一点很不方便。尽管如此,我依然没有

---

① 这里指窗户没有玻璃。——原注

查理二世

丧失愉快的心情，对于我没有任何怨言这一点，他们非常钦佩，确实，我是很容易释然的人，绝不会被小事所困。

看到这么多陌生男子在自己的房间，年轻女士本应该感到惊恐，可是我们不应该对这位女士产生同情，因为她的神经没有那么敏感，这样的环境也不会对她产生很大的影响。事实上，在小国王的政府与巴黎人民之间的矛盾日益加深的时候，安妮·玛丽亚在很大程度上扮

卢浮宫

演着女英雄的角色。她乘车穿越暴民群，往返于圣杰曼和巴黎之间，而其他人都不敢这样做。有时她还带领军队护送那些不敢独行的上流社会的人们。她曾经为一座城镇解围，她还指挥巴士底狱的大炮遵照她的命令向敌人开炮，她表现出的那份镇定能为任何经验丰富的炮兵军官增光添彩。这里我们不再对她的事迹进行详述，因为这样会偏离我们叙述的方向。我们这里只是简要提一下，目的是让读者更能清楚地感受到查理二世急切想要娶为新娘的那个漂亮的富家女拥有怎样的性情。

巴黎暴乱的危机持续加重期间，亨利埃塔王后的处境相当艰难。她被关在卢浮宫里，那里便成了囚禁她的监狱而非她的住所。她和王室家族分开了，她的儿子查理国王当时不在她身边，而是在遥远的荷兰或者泽西。她的宫殿经常被暴民包围，每当乘车冒险外出的时候，她总是会被混乱的场面和人们的愤怒吓得魂不附体，于是便迅速退回宫内寻求躲避之地。她的钱也花光了。她只能时不时地变卖一些珠宝，珠宝没了就只好借债，债主们经常逼她还钱。圣杰曼的朋友们也帮不上她的忙，只能让她来圣杰曼与他们会合。最终她决定离开巴黎逃往圣杰曼，安妮·玛丽亚来到巴黎护送她，尽管困难重重，但安妮·玛丽亚还是为亨利埃塔打开了一条生命通

查理二世

道,成功地帮她从那些债主和政敌手中逃脱。但是不管怎样,所有的困难最后终于得到了解决,1649年秋,所有人再次回到了巴黎。

与此同时,年轻的国王查理正在谋划着重掌大权。我们之前便提到过,嫁给奥兰治亲王的玛丽当时就住在海牙,海牙是荷兰的一座海滨城市。查理经常前往那里。海牙还是那些因为查理父亲的命运而被迫离开英格兰的

1625年的海牙

人们的集结地。查理一世死后,他们便把他们的忠诚转移到他的儿子身上。他们非常渴望查理复国的计划能够成功,而且他们也愿意竭尽全力帮助他实现光复大业。然而,他们之所以这样做并不是因为他们真正地忠诚于查理本人,或是忠诚于查理正义的事业,而是他们的财富和权力能否恢复与查理的事业利害攸关。他们已经做好准备与查理共同进退,因为他们非常清楚,只有帮助查理重登王位,才能取回他们想要的一切。

查理在海牙有自己的参议会和朝廷,并且建立了情报渠道,以海牙为中心收集来自英格兰和苏格兰的情报,以便寻找机会维护自己继承英格兰王位的权利。他还前往泽西,那里的政府和人民都支持他。于是,他在泽西和海牙忙着筹集资金,组建军队,并竭力促成与那些留在英格兰且忠于他的人们的合作。爱尔兰也支持他的事业,他思量再三准备去一趟爱尔兰。他的母亲不愿儿子实施这些计划,因为她害怕迟早有一天儿子会身处险境而无法脱身,甚至重蹈覆辙,最终像他的父亲那样走向毁灭。

然而,在那些政治计划当中,查理并没有忘记安妮·玛丽亚。他渴望她成为自己的新娘,因为她拥有的财富及影响力能在很大程度上帮他复辟。这时,安妮·玛丽亚想要嫁给神圣罗马帝国皇帝的愿望已经破灭,因为皇帝已经娶他人为妻。因此,查理可以继续向她献殷勤。可是她却并没给查理一个明确而坚定的答案,只是让这件事处于无休止的协商当中。事实上,她的心情变得越来越糟糕。她想要嫁给神圣罗马帝国皇帝的计划已然落空,部分原因是她的朋友——尤其是她的父亲和姑姑——暗地操纵,实施阴谋,制造困难,但表面上却显出他们在竭尽所能,想帮她完成心愿。其实他们根本就不希望她嫁出去,因为这样的话,她那巨额财产便会从他们手中溜走,拱手让于他人。安妮·玛丽亚发现他们两面派的做法时已经太晚了,于是她愤怒到了极点。

在这种情况下,查理从海牙专门派人前往巴黎正式向安妮·玛丽亚提婚,看能不能将此事做一了结。派去提婚的信使是杰曼勋爵。

她的父亲和摄政王后都劝她接受查理的求婚。他们告诉她查理的境况正在好转,他们也打算全力支持他,还说查理已经结了几个同盟,英格兰的几个郡都会全力支持他,作为独立国家的爱尔兰也站在他这边。他们到底是真心希望安妮·玛丽亚接受查理的求婚,还是他们只是假装做做样子,因为他们知道她是不会答应的,这些都无从确定。如果他们的行为属于后者,那么他们的

第六章 与安妮·玛丽亚谈判

计划似乎就要落空,因为安妮·玛丽亚有了让步的迹象。她说,目前巴黎的局势不允许法国政府出面帮助查理复辟,对于这一点,她深表遗憾,但是她已做好准备,愿意为他效劳。

杰曼勋爵说他将直接前往荷兰,陪查理来法国,他希望安妮·玛丽亚能给他一个直接明确的答复,因为要是她接受查理的求婚,查理就会立即上朝宣布她将成为自己的新娘,否则查理必须前往爱尔兰,因为他的事业需要他去那里。但是如果她接受求婚,查理会立刻来巴黎举行婚礼,他可以在巴黎住上几天。同时,她也可以享受身为王后所能拥有的无限荣光。到那时,如果她同意,查理会带她去圣杰曼,他的母亲,也就是她的姑姑住在那里。把她安排妥当后,查理会继续收复国土,或者要是她愿意,她可以留在她已经习惯的地方——巴黎。

对于这两种选择,年轻的女士回答道,她不会考虑第二种选择,也就是与查理成婚后继续居住在巴黎。因为她不愿意继续待在巴黎享受生活,而她的丈夫却在风餐露宿,领军打仗,面临一切危险和困难。而且她认为,支付像她那种身份的女人生活在巴黎那样的城市所必须承担的花销太大,而她的丈夫却为无力筹集自己和官兵们的必需品感到困窘沮丧的行为是不可取的。事实上，如果她成为查理的妻子，她会竭尽所能帮助丈夫，而且她能预见到，为了丈夫的复国大业，她会变卖所有家产。她承认这些让她感到非常害怕，对于她来说，这是一种巨大的牺牲，因为她打小便从奢华中长大，从没体验过苦日子。杰曼勋爵回答道，一方面，她所考虑的一切都是合情合理的，但另一方面，他又提醒安妮·玛丽亚，放眼整个欧洲再也找不出像查理这样的人。接着，他列举了一些主要人物。神圣罗马帝国皇帝和西班牙国王都已经结婚。欧洲另外一位君主即将迎娶西班牙公主。其他的年龄要么太小，要么太大，他还提到某个王子已经结婚十年，他的妻子身强体壮，非常健康，因此，在欧洲寻找更为合适的人选是不可能的。

  两人的谈话没有实质性的进展，于是几天后，杰曼勋爵又重提此事，并敦促安妮·玛丽亚给出最终答复。安妮·玛丽亚说，她对亨利埃塔王后非常敬重，也非常爱亨利埃塔王后，所以为了王后，她愿意放弃目前查理身处不利境地的这种顾虑，但有一点她始终无法克服，那就是他的宗教信仰。他是新教徒而自己却是天主教徒。查理必须改变自己的信仰，如果他尊重她的话，他当然愿意这么做，毕竟她已经为他做出了太多的牺牲。

青年时期的查理二世

杰曼勋爵立即反驳了这样的想法。他说考虑到他的国家，从查理目前的状况来看，让他改变信仰是不可能的。事实上，如果他改变自己的信仰，他只能被迫立即放弃恢复王位的一切希望。安妮·玛丽亚非常清楚这一点。然而，这便成了很好的借口，因为在杰曼勋爵急切的要求下，她能讨价还价。因此她坚持要查理改变信仰。在这种情况下，与安妮·玛丽亚的协商戛然而止，杰曼勋爵离开了巴黎。

像查理这样的年轻人，如果想要娶到有权有势的女人为妻，他必须要有很大的耐心，即使最终能够成功达到目的，他也必须忍受许多拖延与等待，就算是身份高贵的王子也不例外。尽管一个女性的前半生和后半生都要依靠他人过活，要服从男人的控制，还要经常忍受男人的任性和不公，但在她的一生当中有一段时间——尽管短暂，但确实存在——是能自主的。像安妮·玛丽亚这样的女性掌握这种权利时，会非常傲慢地行使这种权利。查理似乎感到他有必要忍受由安妮·玛丽亚的任性和拖延所造成的不便，所以只要她继续找借口拖延而不是断然拒绝的话，他就可以坚持下去。于是，在他派去的使者与安妮·玛丽亚进行几次上面已经提到的交谈后不久，他决定亲自前往法国，看看能不能通过自己的努力了结此事。他先来到佩罗讷,这里离法国边境不远处,并差人前去通报他的到来。王室成员乘船前去迎接他。他们当时住在一个叫"贡比涅"的著名皇家胜地,这里距巴黎只有几里格①远。查理打算在贡比涅用晚餐,然后启程前往巴黎,处理与政治相关的事情。

安妮·玛丽亚对王室成员乘车前往贡比涅迎接查理以及他们两人见面的场景进行了非常详细的描述。她说,那天早晨她仔细地穿好衣服,让人给她卷了头发,除了极其特殊的场合,她很少那样做。当她钻进马车准备出发见国王的时候,摄政王后看到她的打扮后狡猾地说:"人们能够轻而易举地看出年轻姑娘什么时候去见自己的情人。"安妮·玛丽亚非常想这么回答,是啊,确实一眼就能看出来,因为只有那些有很多相同经历的人才能做到。然而,她并没有那么回答,这种自我克制表明她的性格中仍然潜藏着对长者的那份尊重,尽管这种因素很少在行动上表现出来。

为了迎接即将到来的国王,他们乘车出行了好几英里;当他们相遇时,所有的人都下了车,站在路边相互打招呼,陪同他们的男女侍从们则站在他们周围。安妮·玛丽亚注意到查理首先向法国国王和摄政王后打招

---

① 里格是陆地及海洋的古老的测量单位,1里格=4.8公里。——译者注

呼，接着和自己打招呼。稍做停歇后，他们重新上了马车，查理与法国国王、摄政王后以及安妮·玛丽亚坐在同一辆车上，返回贡比涅。

然而，安妮·玛丽亚的心情似乎不太好。她说，查理开始和当时只有十二岁的路易十四谈论狗和马以及奥兰治亲王所在国家的狩猎风俗。他用法语非常流利地谈论着这些事情，但是后来，当对其他话题感兴趣的摄政王后问及他的国事和复国计划时，他却说他的法语讲得不好，无法告诉她相关情况。安妮·玛丽亚说从那一刻起，她决定不会嫁给他。"因为我对他的印象很糟，身为一国之君，像他这样的年纪竟然对国事一无所知。"像安妮·玛丽亚这样的想法不太符合逻辑，而这样的推论——他能用法语谈论狗和马，尽管他对这门语言掌握得不够好，从这样的前提出发说查理不愿当众用法语谈论自己的复国计划，从而得出他对自己的国事一无所知的结论——是有失公允的，因为查理的计划能否实现完全取决于计划的保密性。很明显，是安妮·玛丽亚自己不打算高兴起来。

他们抵达了贡比涅。由于查理当晚就要离开，晚宴在他们到达后不久便开始了。安妮·玛丽亚写道：

少年时代的路易十四

查理二世

他根本不吃圃鸥①，这是一种非常珍贵稀有的飞禽，专门为尊贵的皇家贵宾而准备，查理只顾吃牛肉和羊肩肉，好像桌子上再没有其他吃的一样。晚宴过后，大家来到客厅，王后开始与其他人聊天娱乐，把他留在了我身边。在我们独处的时候，他有十五分钟一句话也没有说，但是我情愿相信他的沉默不语源于对我的尊重而不是对我缺乏热情，我必须承认，我倒希望在这种场合下他对我的尊重不要表现得太直接。厌倦了他的这种沉默，于是过了一会儿，我把另外一位女士叫到我身边，看看她能否让他开口说话。她做到了。她说她要过去与查理国王交谈，问一些有关随行人员的事情，国王则以常规的礼仪回答了所有的问题。这时，一位男士走到我跟前，说道："他整晚都在看着你，到现在还在看着你。"听完他的话我回答道："要是他一句话不说，在他让我高兴起来之前，他有足够的时间看我。"那位男士接着说："哦，他肯定对你说了很多私密的话，

---

① 圃鸥是一种非常小的飞禽，只能在有灯光照射的地方花巨大代价饲养，因为只有暴露在灯光下，这种飞禽的肉才会美味可口。这种飞禽来自塞浦路斯岛，因成为皇家宴会的珍品而闻名于世。——原注

第六章 与安妮·玛丽亚谈判

只是你不愿意承认罢了。"我答道:"下次我和他在一起的时候,你可以过来和我坐在一起,你自己听听他是怎么说的。"

最后,查理一行人离开的时候到了,马车驶到门前。法国国王和他的母亲、安妮·玛丽亚以及随行人员陪他们走进森林,一直走了好几英里。接着,所有人都下了车,像早晨见面时一样相互道别。与路易国王道别后,查理和杰曼勋爵一起走到安妮·玛丽亚跟前,当时杰曼勋爵也在查理一行人当中。安妮·玛丽亚对当时所发生的事情做了如下描述:

"我相信,"查理说道,"杰曼勋爵的法语说得比我好,他已经替我向你表达了我的感情和目的。我是你忠诚的仆人。"我说我也是他忠诚的仆人。杰曼说了很多赞许恭维的话,国王就站在旁边。说完之后,国王向我鞠躬便离开了。

查理一直生活在非常简陋的军营里,所以当他置身于法国宫廷的那种壮观的仪式与奢华中时,他自然感到

129

不太自在，而他一心想要讨好的安妮·玛丽亚却态度傲慢，经常毫不掩饰地嘲弄他，这使他显得更加窘困。法语知识的欠缺，前途的迷茫造成的忧郁使他更不自信、胆怯。要不是因为他自己的性格，尤其是他后来的经历表明他对安妮·玛丽亚的追求只是唯利是图，我们原本还希望他所追求的人能对他好一点儿。如果我们在任何情况下都能原谅卖弄风情的女人那种反复无常与嘲讽的话，那么她的所有表现肯定是为了阻止投机者的残忍企图，这种企图就是不惜一切代价以毫无价值的虚假爱情作为交换的筹码。

贡比涅那场不幸的晚宴似乎使查理彻底失去了信心和希望。他前往巴黎，然后出发去了圣杰曼，查理和母亲一起在圣杰曼住了几个月，反复考虑着希望渺茫的前途，谋划着几乎无望的复国大业。与此同时，神圣罗马帝国皇帝迎娶的那个女人去世了，安妮·玛丽亚立即显得无比兴奋，开始为实现自己野心勃勃的计划盘算起来。皇帝当时已经五十多岁了，有四个孩子，可毕竟他是皇帝，这可以弥补一切缺憾。安妮·玛丽亚马上谋划如何成为皇帝的新娘。我们也许有机会在后面讲到她的计划以及她是如何成功的。

尽管她一心想要嫁给神圣罗马帝国皇帝，但同时她又不想放弃更年轻更合适的人选。况且嫁给皇帝的计划有可能会失败。查理有可能复辟,因此与查理进行的协商不能彻底结束是一种不错的选择。于是,到查理离开的时候,她认为自己应该乘车前往圣杰曼,对亨利埃塔王后表示关心,并向年轻的国王道别。

在安妮·玛丽亚拜访期间,亨利埃塔王后和她的儿子都不想重提婚事。相反,对于神圣罗马帝国皇后的薨逝,王后说,应该向她表示祝贺,因为即使上一次婚姻谈判没有取得什么结果,但毫无疑问她现在可以重新开始,而且可能会取得成功。安妮·玛丽亚露出一副冷漠的表情回答道,她对此事一无所知,而且也没有任何想法。王后接着说,她认识一个住在离她们不远处的年轻人,这个年轻人认为,与一个年过五十且有四个孩子的鳏夫相比,即便此人是皇帝,他也比不过一个十九岁的国王。"然而,"她继续说,"我们根本不知道事情会如何发展。我的儿子可能会复国成功,成为国王,也许到那个时候,你可能更愿意听他的话。"

安妮·玛丽亚不打算直接返回巴黎。她想去看看她的姐妹们,她们住得并不远。当时只有十四五岁的约克公爵,也就是亨利埃塔的儿子詹姆斯,提出愿意护送安妮·玛丽亚。她同意了詹姆斯的请求。查理说他也想去。

安妮·玛丽亚对此表示反对,她说这有点儿不太合适。她没有反对詹姆斯的请求,因为他还是个孩子。亨利埃塔提出陪他们一起去,这样便化解了安妮·玛丽亚对查理的拒绝。于是他们便一起出发。安妮·玛丽亚说,一路上查理对她谦恭礼貌,关怀备至,极尽恭维,但始终没有提及婚事。她说她非常高兴查理没有提及此事,因为当时她满脑子想的都是如何嫁给神圣罗马帝国的皇帝,无论查理说什么,都是不管用的。

  查理的婚事似乎也就这样了,不久他便开始考虑如何实施思虑已久的复国计划了。

第 七 章

博斯科贝尔的皇家橡树

精彩看点

查理准备远征夺取王位——孤注一掷——与苏格兰政府签订协议——克伦威尔向苏格兰宣战——苏格兰告急——越过边境进入英格兰——与克伦威尔正面交锋——查理奋力挺近塞文河畔——盛大游行、巨大欢呼声中查理被拥立为王——战争继续恶化——国王身处绝境——慌乱逃窜——博斯科贝尔——彭德尔兄弟竭尽全力救国王——马迪利小镇遇险——重返博斯科贝尔——片刻的舒适生活——皇家橡树

第七章 博斯科贝尔的皇家橡树

1650年5月,也就是查理一世被处死的十八个月后,查理二世准备通过远征夺取王位。当时他只有二十岁。他没有任何军队,没有补给,没有财力,只有为数不多的随从和拥护者,这些人对查理终将赢得成功感到意气风发,或者说他们被查理那种强烈的信念所激励。总的来说,查理的这次军事行动孤注一掷。身住在卢浮宫的亨利埃塔王后对此格外担忧。尽管查理性格开朗乐观,而且有着这个年龄段孩子所拥有的自信,但他肯定会遭遇重重困难。他在欧洲的境况每况愈下,日益窘困。不管走到哪里,他只能以宾客的身份出现,因为穷困不堪,他发现自己的公众形象在不断下降。在上层社会中,如果想要长时间成为受人尊敬的人,金钱和地位对他来说肯定是必不可少的。因此,经过长时间的权衡和考虑,查理认为，竭尽所能恢复对国家的统治，对他来说，无疑是最好的选择。

他有三个国家分别是英格兰、苏格兰和爱尔兰。爱尔兰是已经被征服的国家。与英格兰一样，苏格兰也是他的祖先留给他的，因为他的祖父詹姆斯六世曾经是苏格兰国王，而祖父的母亲有英格兰国王的血统，詹姆斯六世自然而然就是英格兰的王位继承人，在其他继承人相继失败后，他最终得到了英格兰王位，同时保有自己的苏格兰王位。就这样，苏格兰和英格兰就都传到了查理手中。

真正发动叛乱并处死查理国王父亲的是英格兰人。苏格兰也面临着许多问题，的确，共和情绪在苏格兰日益高涨，遍布全国，但是情况并未发展到极端地步。苏格兰在某种程度上与英格兰联合反抗查理一世，但它却不想完全推翻王权。苏格兰人痛恨在教堂里做礼拜，但却臣服国王。于是，查理一世死后不久，他们便开始与他的儿子进行协商，并表明他们愿意承认他为国王，只要他接受他们提出的条件。对于一位国王来说，在臣民提出的条件下行使王权是非常委屈的选择。查理竭尽全力想避免忍受这种委屈。然而他却发现，想要收复英格兰的唯一出路就是要首先获取苏格兰的支持。于是，在表示自己愿意接受苏格兰提出的条件后，

查理一世被处死

他乘船从荷兰出发，带着少数陪同人员向北行进越过北海，最终抵达苏格兰北部的克罗默蒂河口。

苏格兰政府并不相信查理这样一个年轻王子所说的话，直到正式签订协议才允许他上岸，协议要求查理必须承认并遵守他们认为有必要附加的条件。接着查理登陆上岸。但是，他发现他的处境与想象中的王权和地位有着天壤之别。查理是一个放荡不羁，沉迷酒色，鲁莽轻率的年轻人。与他打交道的却是一群严肃、庄重、笃信宗教之人。他们对查理的行为举止感到非常震惊。查理也对他们的行为感到恼怒和倍受折磨。他们清心寡欲，偏执无趣，不但如此，他们还约束查理的行为，限制他的权力。接着，他们进行了漫长的协商和争论，双方的怒火不断增加。最终，查理失去耐心，逃进了山林，希望在那里组建一支高地人部队，那些人从一出生就绝对服从酋长的领导，对国王也是忠心耿耿。当然，苏格兰的贵族们也不想把查理逼入绝境，于是派人请他回来，此后双方的关系缓和了许多，并最终达成协议。于是他们一同前往爱丁堡以北几英里外的一个小村庄斯昆，并在一座古老的修道院内为查理加冕，使之成为苏格兰国王，所有苏格兰君主都是在这个古老的地方加冕的。

与此同时，作为英格兰共和政府领袖的克伦威尔心

克伦威尔

里非常清楚查理的计划，那就是等待时机成熟，羽翼丰满之后立即进攻英格兰。于是，克伦威尔决定向苏格兰宣战，挥师北进。

相对而言，查理对苏格兰的命运不感兴趣。他的目标是英格兰。他知道，或者说他认为，英格兰臣民中有很大一部分人私下是支持他的，他相信只要他能越过边境线，即使是带领一小队人马，这些私下支持他的人便会立即站到他这边。但是他仍然在苏格兰与克伦威尔僵持了一段时间，最终没有取得成功。克伦威尔的军队进入苏格兰的中心地带，事实上他们已经越过了查理的军队。在这种情况下，查理决定弃苏格兰于不顾，冒险越过英格兰边境，看看能否通过在南部王国举起大旗为自己做点儿事情。军队对国王的计划表示同意。于是，国王立即行动，越过边境，发表声明，派人四处宣布他们的国王已经到来，并号召所有臣民武装起来，迅速前来帮助国王。这一切发生在1651年的夏天，也就是查理在苏格兰登陆后的第二年。

这次孤注一掷的行动的确非常冒险，各位读者，无论是支持君主派还是支持共和派的人，都情不自禁地希望年轻的国王能够取得成功。然而，传奇式的事业注定要以失败而告终。英格兰人民并不打算恢复王权，只有

第七章 博斯科贝尔的皇家橡树

少数的古老贵族和乡绅们表示支持国王的事业，而他们却行动缓慢，迟迟不肯加入国王军队的行列。支持国王的人被称为"保守党"，另一方则被称为"圆颅党"。圆颅党是亨利埃塔·玛丽亚王后给他们起的名字，主要与他们戴假发的方式有关，他们将头发剪短，短得几乎贴到了头皮，而保守党则留着弯曲的长发垂到肩部。实际情况是保守党人寥寥无几，而圆颅党人却到处都是。

然而，查理却无路可退，因为克伦威尔就在他的后面。当发现敌人已经进入英格兰时，克伦威尔为之一惊，但他很快便回过神来，迅速率领军队紧追而来。这样，两支军队便穿过英格兰腹地南下，所到之处，一片恐惧，一片混乱，一片惊慌失措。整个国家陷入骚动之中。每个人都被要求马上表明立场，成千上万的人不知所措，无法决定支持哪一方。一时之间，家庭分裂，兄弟生隙，父子反目，为了各自的热情而准备自相残杀。年轻人支持议会，年龄大的支持国王。整个国家流言四起；到处都是送信的人；步兵和骑兵来来往往；抢劫、盗窃、谋杀以及其他不计其数的暴力事件频发，内战中让全国上下陷入恐惧与不幸的其他因素无处不在。为了获取乐趣，人类在统治人类的过程中发动的战争是多么可怕啊。美丽的塞文河沿着英格兰和威尔士的边境缓缓流过，其河道在河口处变宽,流经布里斯托尔海峡直入大海。塞文河沿岸的大城市之一便是伍斯特。当时伍斯特防守坚固,坐落在塞文河东岸,与伍斯特城门相对的是一座大桥,大桥跨越塞文河通向威尔士方向。沿河上下游还有其他桥梁,附近是城镇和乡村,这里平时呈现出一幅繁荣祥和的景象。

伍斯特距离苏格兰边境大约三百英里,位于通往伦敦的路上,尽管较直路有点儿偏西。查理的目的地是首都。虽然困难与失望使军队行程受阻,但他还是奋力向前,最终到达塞文河畔。这时,他发现自己无法继续前行。他的军队和军官们早已精疲力竭,丧失了斗志。他的希望还没有实现,很明显停下来是非常危险的,但继续前行危险似乎更大。然而,伍斯特当局打算支持国王,查理于是决定在那里稍做停歇,无论如何他都要让自己的军队恢复体力,同时想一想下一步该怎么办。

他在城里受到了应有的接待。第二天,在盛大游行及巨大欢呼声中被拥立为王。他在城边扎营。他发布声明号召周围地区的民众前来支持他的事业。他设立朝廷,组织参议会。总之,尽管有些简陋,但他还是做出各种与君王身份相符的安排。他也许已经开始把自己想象成一位真正的国王。然而,如果他真是这么想的话,那么他的幻想很快就要破灭了。克伦威尔的军队只用了

第七章 博斯科贝尔的皇家橡树

一周的时间便追了上来,通往伍斯特的所有道路都被阻断,他们展现出来的力量如此强大,很显然查理很难在战场上与之一较高下,同时也很难在遭受围攻时保护自己。

为了防止克伦威尔的军队夺取大桥,并阻止他们过河,查理率领的军队起初和他们进行了几次战斗,但是结果总是如出一辙。查理派出去守护桥梁的分遣队一个接一个地被赶回城中,查理和参谋人员站在城中一座教堂的屋顶上,眼睁睁地看着敌人渐渐逼近,势不可挡,心中的忧虑逐渐变成惊慌。

国王发现现在已经身处绝境,于是决定通过最后的努力扭转失败的命运。他命令自己的军队列队出城迎击步步紧逼的敌人。他自己率领一支高地军,以一种近乎绝望的勇气和无畏向敌人发起进攻。所有军官心里非常清楚这次战斗生死攸关,因为如果他们不击败敌人,他们只有死路一条,要么战死,要么被俘,以叛国者的身份被绞死或者在伦敦塔里被砍去头颅。他们身陷英格兰腹地,距离边境有几百英里,在这样的包围中几乎没有任何逃脱的可能性。因此,他们只能带着绝望的怒火奋力搏斗,但这一切终将是徒劳的。他们被四面围拢过来的敌人赶回城中,最终士兵和军官们四散逃窜,一片混乱,涌入城中。

慌乱逃窜想要在城中找到避难之所的军队，很难将城门紧闭，抵挡后面的追兵。事实上，在这种恐惧惊慌的场面中，已经没有了秩序，没有了服从，也没有沉着冷静。查理逃到城门准备进城，他却发现一辆重型军火车卡在门口，挡住了道路，原来是其中一头拉车的牛死掉了。士兵和骑兵们被突如其来的"灾难"挡住了去路。

伍斯特之战

第七章 博斯科贝尔的皇家橡树

国王下了马车,弃马而逃,拼尽全力越过障碍。进城后,他发现到处一片混乱。士兵们丢盔弃甲,四散逃命。他将盔甲中最沉重的部分扔掉,骑上一匹马在人群中来回奔跑,敦促士兵整理行装,再次迎敌。他说他的事业是正义的,他们必须忠于真正的王权,所有能想到的理由他都喊了出来,也许在这种情况下,喊叫是能与慌乱的人们保持交流的唯一方式。然而当发现这一切都无济于事的时候,他绝望地说,他宁愿死在战场,也不愿苟活下来目睹那些仅存的朋友和追随者放弃自己的事业。

查理所说的这番话要是在其他场合肯定会产生巨大的影响,可是在遍布全城的混乱与恐怖中,他的劝告却如石沉大海,起不到任何作用。克伦威尔军破城而入,他们从一条街杀到另一条街,只要他们发现任何抵抗力量便进行屠杀。国王的军队有一部分被困在角落,惨遭屠杀。幸运的是,其余的军队在城堡中找到避难之所,在投降之前他们可以和胜利的敌人谈谈条件。查理发现一切已成定局后,便带领一支骑兵于晚上6时逃出城外。然而,他还是无法放弃抵抗的念头。在他缓慢撤退的时候,他一次次地停下来敦促他的人重新投入战斗。他们最后一次停留在一座桥上,距离伍斯特仅仅半英里远。在桥上,国王和剩余的几个军官进行商议,重新审视了一下他那丢盔弃甲、绝望至极、四散逃窜的军队。国王非常清楚他的败局已无法挽回，他们一致认为除了逃回苏格兰之外——如果还有可能逃回去的话——他们没有其他任何办法。

然而，他们如何才能成功逃回苏格兰呢？跟随溃不成军的大队人马撤退肯定会像其他人一样被俘或被杀，况且他们对这里完全不熟悉。在出逃的过程中，如果一直问路只会让他们暴露，并遭到逮捕。所以，第一件要做的事便是离开逃离的人群。于是查理和追随他的那几十个军官贵族们离开大路，尽量沿偏僻小径前进。国王希望缩减这一小队人员，但是谁也不愿离开。后来，他在描述这次冒险的时候抱怨道，战斗的时候他们谁也不愿意为他而战，可是出逃的时候他一个也摆脱不了。

贵族之中有个仆人，他说认识路，于是负责给查理一行带路，但是天刚黑下来，他自己也迷失了方向，不知如何是好。不过，他们随后又找来一个向导。他们在没有引起任何人注意的情况下走了十英里，因为像这样的内战时期，到处都是来来往往的人，有拿武器的，也有没拿武器的，他们在行进当中不受任何人妨碍，因为当地居民们只盼着少和他们说话，让他们尽快离开。于是，国王等人便在白天假扮成那些居民的样子，到了夜

第七章 博斯科贝尔的皇家橡树

晚他们行走起来就更加安全了。走了十英里后,他们在一家小客栈停了下来,在那里他们喝了点儿东西,吃了点儿面包,之后便继续赶路,他们一边走一边商量该怎么做最好。

大约又走了十几英里,他们来到一处偏僻荒凉的地方,这里有两所隐蔽的房子,之间相距半英里。两所住宅中的一所名叫"博斯科贝尔"。这个名字来源于意大利语中的"bosco bello"这个词,意为"美丽的森林",是由房主在一次招待客人的时候客人取的。房子位于树林里,远离所有的大路,像其他许多地方一样,这里是为了隐居而专门修建的。在查理国王和伊丽莎白女王之前,那些拒绝承认英格兰王权凌驾于英格兰国教的天主教徒们,他们又被称为"不服权威者",想尽一切办法躲避新教的迫害。于是,他们便在人迹罕至的地方修建了这些隐居之所,并在住所里面的隔墙中修建了各种藏身之处。这些藏身之处既隐蔽又安全,身陷危险的人可以在里面躲藏好多天。博斯科贝尔就是这样一个地方。事实上,国王的一位名叫德贝伯爵的将军前不久便隐藏于此。国王询问了具体情况之后,打算藏在这里。

这处住所属于吉福德家族,当时查理国王一行人中恰巧就有这个家族的一名成员。距离此处半英里的地方有一幢建筑，始建于天主教盛行时期，是一座女修道院，里面的修女身着白衣，被称为"白衣女士"，这个地方也因此而得名。修女们离开后，这个地方仍然被保存了下来。吉福德先生建议先去白衣女士修道院。事实上，他是想在国王去博斯科贝尔前甩掉那些追随国王的累赘。

于是，他们便去了白衣女士修道院。当时这两个地方的主人都不在，全由仆人们看护。佃农当中有几个姓彭德尔的兄弟。他们从事伐木和农场工作，住在附近不同的地方，其中有几个人负责看护这两处住所。彭德尔兄弟中有一个正在白衣女士修道院。他让逃亡者一行人进来，经过近一整夜的逃亡他们早已疲惫不堪，饥肠辘辘。他们马上派人去找住在附近农舍的理查德·彭德尔及其在博斯科贝尔的另外一个兄弟。他们将国王领进里屋，然后立即为国王乔装打扮。

他们让国王穿上仆人的衣服，并将国王的衣服毁掉。国王有一块表以及一些诸如象征骑士身份的镶着宝石的昂贵饰品，如果被人发现，他的身份就会暴露。于是，国王将这些物件分给自己认为很有可能逃脱的朋友。接着，他们将国王的头发剪短，这样他看起来就更像圆颅党而非保守党了。他们把壁炉中的煤灰涂抹在国王的脸

伍斯特之战后,查理二世的支持者四散而逃,这幅图描绘了一个保皇派妇女将一名逃亡者藏起来的场景

上，这样便改变了他的相貌特征和肤色。他们尽量把国王扮成生活困苦、身份卑微的农民或劳力。

这时，理查德·彭德尔也到了。也许是已经有人暗示他国王希望摆脱这些追随者。不管怎样，理查德·彭

查理二世乔装打扮成农民的模样，试图逃脱追捕

第七章 博斯科贝尔的皇家橡树

德尔一进来,就催促所有的随行人员继续赶路,不能耽搁,因为后面大约三英里处有克伦威尔的一队人马,可能随时会到这里搜查。吉福德把彭德尔带到国王藏身的里屋。"这就是国王,"他说道,"我现在把他托付给你,你要好好照顾他。"

理查德接受了彭德尔的重托,然后告诉国王他必须马上离开此地。乔装打扮完后,理查德把国王从后门带出,除了两三个贴身随从外,其他所有的随从都不知道这件事。大约走了半英里,他们进入一片森林,彭德尔将国王藏起来,并告诉国王他准备出去看看有没有消息,马上就回来,说完便一个人离开了。与此同时,那些国王一心想要摆脱的随行人员得知国王离开的消息后,骑上马迅速离开,以躲避理查德吓唬他们的危险。但这些可怜的人还没有跑多远便被敌人追上,遭到进攻,溃败后被俘虏,最后被当成叛国者对待。他们中一些被击毙,一个被砍掉头颅,其余的被关进了监狱,在那里悲惨绝望地度过了余生。然而,国王随行人员中有个人没有和其他的人一起离开。这个人就是威尔默特勋爵,是一位很有影响力的高官,他就近把自己藏了起来,在随后的逃亡中始终与国王保持很近的距离。

然而,我们必须转移话题说一说森林里的国王。国王被留在森林时是战斗后的第二天一早。天下起了雨，国王想在树底下找个避雨的地方，最终徒劳无功。雨水很快淋湿了树木，从树木上滑落，重重地敲打在这个可怜人的头上。理查德从附近农舍借来一条毯子，想给国王遮蔽风雨。国王将毯子卷起来，当成垫子坐在上面，因为昨天激战以及连夜赶路已经使他精疲力竭，无法站立。于是他选择用毯子保护自己不受地面潮湿之苦，任由雨水从头顶落下。

不一会儿，理查德派一位农妇给国王送来食物。从未对女性表示过敬意的查理对此感到吃惊，他惊讶于这样的秘密行动竟然指派给一个女性。

"好心的女人，"他说，"你能忠于一个落魄的保守党人吗？"

"当然可以，"她回答道，"我誓死也不背叛你。"

事实上，查理没有必要害怕。女人的确非常健谈，易于相信别人所说的话，尽管在一些无关紧要的场合当中，她们总会将一些本应保守的秘密轻率地吐露出来，而一旦她们肩负起真正重要的职责时，她们比任何人都要可靠。

查理在森林里待了整整一天，任凭风吹雨淋。他能看到一条通向这里的小路；他坐在树下盯着小路消磨时

第七章 博斯科贝尔的皇家橡树

间,他想看看有没有士兵从这里经过。确实有一支队伍来到这里,但他们却直接离开,在泥泞中吃力地行进,很显然他们一心想赶路。到了晚上,理查德·彭德尔返回森林,他小心翼翼地走了过来,发现一切安全后把国王带进了房子。国王来到火炉旁取暖,给他换上干衣服,准备了晚饭。无家可归的国王再次感受到这种"奢侈"的温暖和安全。

在森林中独自藏匿的一整天里,他一直在思考他那奇怪的境遇,他花了好几个小时想弄明白这噩梦般的现实。这怎么可能是真的呢?身为三国之君,刚刚还率领着大军,将军和高官们簇拥在他身边,可如今却孤立无援,甚至连一个能躲避风雨的地方也找不到。似乎这只是个梦,但很快便成了现实。他开始用不同的方式思考他该怎么做。他向四周望去,根本看不到任何希望,也没有逃脱的可能。不过,在夜幕降临前,他得出结论,逃往威尔士对他来说是最好的计划。

他现在就处于距威尔士边境不远的地方。想要到达威尔士,除了越过塞文河之外,再也没有其他需要克服的困难。我们之前就已经提到,塞文河在边境线附近自北向南缓缓流淌。他想,如果成功进入威尔士,便可以在群山之中寻找藏身之地,直到他到达某个与法国通商的海港，从而越过海峡回到法国。当天晚上，国王将计划告诉了理查德，并请他做向导。理查德爽快地答应了，并做好了行程安排。他们重新对国王进行乔装打扮。理查德还给国王一把钩镰——一种伐木工人使用的工具。他们约定，途中如果必须要表明身份，就称国王为"威尔•琼斯"。

当天晚上9时，他们趁黑夜冒雨出发了。他们希望在黎明之前抵达塞文河附近的一个名叫马迪利的小镇。理查德在镇子上有个朋友，伍尔夫先生，一位保皇党人。理查德希望伍尔夫能帮他们藏起来，并助他们安全渡河。他们平安无事地走了一会儿，最后来到一条小河边，那是塞文河的一条支流，河上有座桥，对面是个磨坊。磨坊的主人恰巧在看守。当时，每个人都高度警觉，一听到或看到不对劲的，便担心有危险发生。

听到脚步声，他大声喊道："谁在那里？"

"邻居。"理查德回答道。国王一句话也没说。理查德之前便叮嘱国王不要说话，除非到了万不得已的时候，因为他不是当地口音。

"如果是邻居的话，就马上站住。"磨坊主厉声道。面对这样的警告，赶路的人走得越发快了。磨坊主再次大喊道："如果是邻居的话就马上站住，否则打死你们。"说着便跑出来追他们，手里显然拿着能构成威胁的武

第七章 博斯科贝尔的皇家橡树

器。理查德撒腿便跑,国王紧跟其后。他们朝一条小路跑去。他们跑了很远。由于天太黑,跟在理查德后面的国王只能通过脚步声和当时农民们常穿的皮衣发出的声音辨别方向。他们悄悄地快速向前走着,最后理查德突然改变方向,越过树篱中的一个缺口,并蜷缩在对面的一条沟渠里。他们在那里躲了一会儿,听听是否有人追过来。当发现没有任何动静时,他们便悄悄地从躲藏的地方出来,回到路上,继续向前赶路。

最后他们来到马迪利镇。理查德把国王藏在一个昏暗的街角,然后去找伍尔夫先生。四周静悄悄的,一片黑暗。他不停地敲着门,最后叫醒了屋子里的人,伍尔夫先生终于来到门口。

他告诉伍尔夫先生他来这里的目的是请他为一位先生提供保护,这位先生想去威尔士,但是白天上路不太安全。伍尔夫先生犹豫不决,开始询问更多关于此人的信息。理查德回答道此人是一位从伍斯特之战中逃脱的官员。"那么,"伍尔夫先生说,"如果要我把他藏起来,我就要冒生命危险,我不愿意为任何人冒这种危险,除非是国王本人。"理查德告诉他需要藏身的就是国王陛下。听到这里,伍尔夫先生决定马上接纳王国,并将他们藏起来。于是,理查德回去接国王。

到达伍尔夫家后，他们发现伍尔夫先生正在准备接待他们。他们让国王坐在火炉旁把衣服烤干，并提供给他在如此急迫情况下能弄到的食物。天马上就要亮了，必须想办法在白天的时候躲起来，伍尔夫先生决定把他们藏在自家的谷仓里。他说，虽然家里有挖的地洞和其他隐藏之地，但这些地方在之前的搜查中都已经暴露了，一旦有可疑情况，官兵肯定会直接搜查那些地方。于是，伍尔夫先生把他们带到了谷仓，让他们藏在干草下面。他说他会在白天的时候打听消息，看看他们能不能继续前进，晚上会把情况告诉他们。

到了晚上，伍尔夫先生回来了，他把国王等人从谷仓里请出来，并带到家里。然而，国王等人继续前行的可能性不容乐观。伍尔夫先生认为国王顺利过河是不可能的，因为共和党的军队已经在所有的桥梁、渡口、浅滩以及其他可以渡河的地方严防死守，过往行人只有经过严格检查之后才能通过。得知国王逃跑的消息后，全国上下一片沸腾，他们重金悬赏捉拿国王，而那些包庇或藏匿国王的人将受到严惩。在这种情况下，伍尔夫先生建议查理应该返回博斯科贝尔，并在那里隐藏起来，直到想出办法逃离英格兰。

国王别无选择，只得同意这个计划。他在伍尔夫先

第七章 博斯科贝尔的皇家橡树

生的房间里等到午夜,目的是在逃跑时不被人察觉,绝望地准备动身返回博斯科贝尔。伍尔夫先生对国王的乔装做了些改变,他用白天准备好的胡桃叶子煎煮成汤让国王洗了洗脸,这样便改变了他的面部肤色,国王原来的肤色黝黑,很有特色,因此有可能被认出来。一切准备妥当后,二人向热心的主人道别,再次穿过静悄悄的街道,沿着来时的路返回博斯科贝尔。

他们一路走来非常顺利,直到开始接近那条支流,也就是上次在磨坊主那里遇到危险的地方。要想从桥上过河,他们就必须再次经过磨坊,可是他们二人谁都不敢再接近磨坊。国王建议他们再往河流下游走一点蹚过河去。理查德不敢这么做,因为他不会游泳。黑漆漆的夜晚,湍急的水流,被水淹死的可能性很大。查理说自己会游泳,他可以先下水试试水的深浅。于是,他们二人摸索着来到岸边,查理把他的向导留在岸边,自己便下了水。查理离岸边越来越远,很快就看不见了。过了一会儿,查理平安返回,说这里可以游过去,水只有三四英尺深,于是便拉着理查德的手,一起蹚河而过。在这又黑又冷的夜晚,走在又深又急的水中,真是让人提心吊胆,但他们最终还是安全地过了河。

他们在黎明之前来到博斯科贝尔。之后,理查德把国王一个人留在森林，独自去前面的房子侦查，看看是否安全。他在那里发现了国王军队的一名军官——卡莱斯上校，他是在国王离开战场没多久从伍斯特逃到这里的，因为他知道博斯科贝尔这个地方，于是便藏在这里。留下来看守博斯科贝尔的威廉·彭德尔在上校到来时收留了他，并将他藏在这里。

理查德和威廉把卡莱斯上校带到森林里见国王。他们发现国王坐在一棵树底下，已经累得不行了。艰难困苦使他精疲力竭，一点儿力气都没有。他们把国王带到屋子里，让国王坐在火炉旁，递给他一些吃的。上校替国王脱下农夫所穿的笨重鞋子和粗布袜子。鞋子和袜子早已湿透，里面还有许多石子。上校又为国王洗了脚，国王的双脚已经起泡，肿胀得不成样子，由于房里没有国王可穿的鞋子，达姆·彭德尔不得不把热炉灰塞进鞋子里，把鞋子暖干后再让国王穿上。

晚上国王继续享受这种舒适的生活，但当黎明来临时，他们必须寻一处可以供国王藏身的地方。彭德尔兄弟认为待在房里一点儿都不安全，因为随时可能会有士兵闯进来，将这里翻个底朝天。虽然房子旁边就是几乎无人问津的森林，但兄弟几人仍然担心，敌人一旦前来搜查，森林肯定和房子一样会遭到重点搜查。在这种情

理查德带卡莱斯上校面见查理国王

况下，卡莱斯上校看了看四周，不知如何是好。这时，他看见离房子不远的地方零星地矗立着几棵橡树，其中有棵橡树长得枝繁叶茂，是个藏身的好地方。橡树似乎修剪过一两次，像其他修剪过的树一样，它的枝条四散开来，非常浓密。上校认为即使有人前来搜查，他们自然会去搜查森林，但却不会有人想到要去搜查一棵"孤单"的橡树。于是他建议国王可以爬到橡树上面，藏在树枝中间度过白天。

国王对该计划表示同意。于是天刚一亮，他们便带了些吃的和可以当垫子用的东西来到橡树底下。国王和卡莱斯上校在威廉和理查德两人的帮助下爬上橡树，并在上面安顿下来。上校把垫子放在他在树枝上找到的最好的地方。他们把面包、奶酪和一小瓶啤酒挂在触手可及的地方，这些东西是理查德和威廉为他们准备的一天的食物。接着上校坐在国王上面的一根树枝上。这样一来，国王就可以把头靠在他的腿上，在这样的环境中尽量舒服些。理查德和威廉在橡树底下仔细观察，以确保树叶把他们遮得严严实实，然后他们便离开了。他们白天会去打探消息，晚上回到这里。待橡树上的一切安排妥当后，上校让国王闭上眼睛睡一觉，并告诉国王不会让他掉下去的。国王听了他的话，安心睡了好几个小时。

第七章 博斯科贝尔的皇家橡树

整整一天，国王和卡莱斯透过树叶的缝隙向下查看。这些缝隙就像城堡上的枪眼。他们密切注视着周围的动静，注视着来来回回走动的人群。他们认为其中有些人是搜查森林的士兵。不过，他们自己非常安全。就这样，他们安全地度过了白天，只是一直处于焦虑、恐慌中，这是他们必须忍受的，还有一点就是藏身之地的束缚和不适给他们带来的困倦与痛苦使他们难以忍受。晚上终于到了，他们可以放松了。他们从树上爬下来，偷偷地溜进房子。国王下决心再也不受那样的痛苦，于是第二天他们必须为国王重新寻找藏身之地。对于这样的决定，我们并不感到惊讶，因为即使是野蛮的兽类，也无法忍受那样的痛苦。

当天晚上，大家为藏匿国王制订了其他计划，并立即采取行动，设法让国王逃离英格兰，下一章内容将对这些情况做一些说明。值得一提的是，人们并没有忘记那棵保护国王安全的老橡树。后来，当国王重新执掌国家大权的时候，所有人都知道他的冒险和逃亡经历，成千上万的人便前来瞻仰这棵忠诚的护主之树。每个前来瞻仰大树的人都摘一片树叶或折一根枝条作为纪念，最后主人发现如果再不干预，整棵树会折光，于是他便在周围竖起了篱笆，种上了庄稼，防止橡树再遭破坏。从那时起一直到现在,这棵橡树被称为"皇家橡树",成了无数文人骚客以各种形式进行赞美的对象。然而,与那些让这棵橡树家喻户晓、尽人皆知的世人相比,他们的功劳没有一个能比得上写下下面这首诗的无名之士。诗曰:"皇家橡树,就是那棵树,拯救了国王陛下。"

国王逃至法国

精彩看点

一张前往布里斯托尔的通行证——查理乔装男仆准备出逃——二次乔装——九死一生——波普老仆心生疑虑——波普守口如瓶、给予帮助——威尔默特勋爵——莱姆港——查茅斯码头遇险——满载着煤的小船——设计改变航线——法国海岸近在咫尺——虚惊一场——成功上岸

第八章 国王逃至法国

在橡树上藏了整整一天，国王和卡莱斯当晚回到房子后，达姆·彭德尔准备了几只小鸡给国王陛下做晚餐，这是令他意想不到的巨大奢侈。他们还让国王看了看德贝伯爵曾经藏身过的洞穴，他们建议国王当天晚上藏在洞里。洞里可以放下一张能当床用的小草席。国王认为这里很安全，就决定不再躲到橡树上去。在国王陛下入睡之前，卡莱斯问他明天想吃什么。国王说他想吃羊肉。卡莱斯答应了国王的要求，和国王道了晚安，便让他休息了。

这里根本没有羊肉，理查德和威廉两人觉得他们两人不管是谁去弄羊肉都不安全，因为他们平时不买羊肉，如果他们现在去头羊肉肯定会引起别人的怀疑，猜测他们要款待不同寻常的客人。于是，卡莱斯上校就把仕务接了过来，准备弄点儿羊肉。

在理查德和威廉的指引下，上校前往距离较远处的一座农舍——那是博斯科贝尔一家佃户的农舍。他摸索着来到羊舍。选中一头自认为合适的羊后，他用匕首杀死了它。然后，他返回住所，让威廉·彭德尔把那只羊弄回来。威廉收拾好一只羊腿，并在早上把它送进给国王安排的房间里，房间紧挨着国王藏身的洞穴。国王看到盛宴后喜出望外。他要了一把切刀和一只煎锅。他从羊腿上切下几块肉，在卡莱斯的帮助下烤好后，他们一同享用了起来。

逐渐熟悉所处环境的国王胆子开始大了起来。他开始在房间外面的走廊里散起步来。走廊上有一扇窗户，能够看到外面的道路。国王来回走动的时候，他仔细留意着那扇窗户，以便第一时间能看到敌人向这里靠近。国王显然在那里花了些时间进行祷告，也许在危难之际他还能想着祈求上帝的庇佑。然而，重获安全后，他之前所做的誓言和承诺就会忘得一干二净。在多数情况下，人们都是如此。

房子的旁边还有一个小花园，花园的尽头有座山丘，那里有一个供人休息的凉亭，里面放着一张石桌，桌子的周围摆着几把椅子。这里非常僻静，而且地势较高，所以它既可以作为瞭望塔，也可以藏身。与昨天橡树上那可怜的藏身之处相比,这里更加舒适,可能也更加安全,因为如果国王在凉亭被人发现,他仍有脱身的可能性,而如果他躲在树上被人发现,那么他只有死路一条。

与此同时,彭德尔兄弟在周六和周日派人出去打探消息,并在附近的镇子上联系支持国王的人,努力为国王制定出逃计划。他们与那些人取得了联系,并在周日夜幕降临前为国王定好出逃计划。取得联系的人中有一位莱恩上校,他的妻子从共和党军那里得到一张前往布里斯托尔的通行证,因为她要去看望一位生病的亲戚,

莱恩上校的妻子莱恩大人

而且她还可以带一名男仆。布里斯托尔位于南面一百英里处的塞文河口附近。所以大家认为如果国王能够到达那里，那么他就有可能成功抵达英格兰南部沿海，并在某个海港登船前往法国。于是，他们让莱恩夫人按照原计划前往布里斯托尔，并将国王伪装成她的仆人一并带上。一切安排准备就绪后，星期一一大早国王在距离布里斯托尔几英里处的树林中与几个忠诚的朋友会合，之后他们会把国王藏在他们自己家里，直到万事俱备，国王就可以上路了。

然而到了早晨，国王却发现双脚根本无法行走。于是他们设法弄来一匹彭德尔兄弟的马，并将国王扶上马。国王走的时候，彭德尔兄弟几人全都随侍。他们偷偷地携带着武器，在遭受敌人小队人马攻击时就可以拼死保护国王了。还好他们一路平安无事。那是一个漆黑的雨夜。9月，英格兰的夜晚总是这个样子。彭德尔兄弟中的六人在漆黑的雨夜保护着国王，最后来到距离约定会合地点几英里处，这时为了安全起见，国王从马上下来，打算步行走完剩下的路程。彭德尔兄弟中的三人牵着马回去了。剩下的人继续前行，把国王安全地交给在约定地点等待的朋友手中后，他们向国王陛下道别，祝愿他们能够成功逃脱，然后便返回了布里斯托尔。

第八章 国王逃至法国

他们对国王重新进行了伪装——把他从丛林中农民的形象乔装成农场主儿子的模样,这种装扮更适合英格兰贵妇随从的身份,同时给他起名为"威廉·杰克逊",取代了原来"威尔·琼斯"。莱恩夫人的姐夫会陪他们走一段,随行人员中还有一男一女,总共五个人。傍晚时分,在一切准备妥当后,马被牵到了门口,假扮的随从毕恭毕敬地站在一旁,帽子夹在胳膊下面。他与莱恩夫人乘坐同一匹马,莱恩夫人上马坐在他身后的垫子上。

乔装打扮的查理与莱恩夫人
同乘一匹马前往布里斯托尔

一家人围拢过来向他们道别,除了莱恩夫人和她姐夫之外,不管是远行者还是送行者,没有一个知道这个谦恭的威廉·杰克逊的真实身份。

他们走了一天又一天,途中遇到了各种危险,真可谓九死一生。有一次,马掌掉了一块,国王只能停下来在铁匠铺更换新的马掌。当铁匠忙着干活的时候,站在一旁的国王便问铁匠有没有听到什么消息。"没有任何消息,"铁匠说道,"自从苏格兰人在伍斯特被击败后,我就再也没听到任何消息。"国王又问,之后有没有和苏格兰人一起的英格兰军官被俘。"有一些被抓了,"铁匠答道,"但是没有听到查理·斯图亚特那个坏蛋被抓的消息。"接着国王告诉他如果那个坏蛋被抓的话,他比其他任何人都应该被绞死,因为是他把苏格兰人带了进来。"你是一个很诚实的人。"铁匠说。很快,马掌更换完毕,查理便牵着马离开了。

还有一次,他们一行人停下来过夜,为了与自己的身份保持一致,国王来到厨房。里面正在用烤肉架烤肉,这是一种将肉固定起来,在炙烤时放在火上慢慢转动的装置。烤肉架停了下来,他们让威廉·杰克逊将它重新转起来。可是他却把方向弄反了。于是,厨师便开始嘲笑他的笨拙,并询问他来自哪个国家,竟然连烤肉架怎

第八章 国王逃至法国

么操作都不知道。国王镇定地回答道，他只是莱恩上校家一个穷苦佃农的儿子，他在家很少吃烤肉，即便烤肉，也从不用烤肉架。最终，他们一行人安全抵达目的地，也就是诺顿夫人的家里，诺顿夫人住在一个叫莱的地方，距布里斯托尔大约三英里。在这里他们一行人受到了主人的接待，为了尽量隐瞒国王的身份，不引起别人的注意，莱恩夫人谎称自己的仆人身体孱弱，因此只能待在自己的房间。她向别人谎称他所患的疾病是一种间歇性热病。这就很好地解释了他的精神有时看起来很差的原因，国王在房子里面待烦了也可以偶尔下楼和其他仆人们待在一起，听他们说说话。

诺顿夫人家有个叫波普的老仆人，他的职责是专门照看威廉·杰克逊。到达诺顿夫人家的第二天，尽管查理谎称自己患有热病，但实际上在经过艰辛的旅途后他个人感觉良好，胃口也变得好起来，于是他便下楼吃早餐。就在这时，几个仆人的朋友走了进来，波普拿了一些面包和啤酒摆在他们面前当作早餐。他们边吃边开始说起伍斯特战役，其中有个人对当时的情景描述得非常准确，国王觉得此人肯定参加了战斗。当被问及更为详细的信息时，他说他是国王军队里的一名士兵，然后他便开始描述国王的外貌特征。查理吓坏了，很快起身离开。波普似乎之前就心存疑虑,此时更加证实了他的怀疑。于是,他找到莱恩夫人说,他非常确定这个陌生的客人就是国王本人。莱恩夫人矢口否认,但她立刻将此次谈话告诉了查理。经过一番商议,并调查了波普的为人,证实此人谨慎可靠后,他们决定据实相告,同时请求他的帮助。波普对此事守口如瓶,后来确实帮了国王很多忙。

有一位温德姆上校,由于他与国王出逃的关系密切,因此他的名字广为人知。他住在距离英格兰南部海岸不远处一个叫"特伦特"的地方。经过深思熟虑和多方打探后,他们决定护送国王前往特伦特,并在那里安排他上船。计划制定后,莱恩夫人假装接到家里的来信,说她的父亲突然患了重病,催促她即刻返回照看。于是他们便启程出发,查理的身体现在已经恢复,可以上路了。

其间,上文提到的那位与查理一同逃离伍斯特战场的威尔默特勋爵,他一直跟着国王一行人穿越整个国家。一路上,他假扮各种身份,以各种方式在国王身后不远处行进,并时不时地偷偷与国王进行商量。就这样两人为彼此提供了必要的帮助,最终一起到达温德姆上校的家里。莱恩夫人向国王道别,然后北返。

温德姆上校是国王的私交。在囚禁并处死查理一世的那场内战中,他曾经是国王手下的一名军官。大家应该还记得,当时威尔士亲王查理去法国前,在英格兰西部打过一次仗;期间,查理经常与温德姆上校讨论战略方针,因此他对温德姆上校的忠心深信不疑。最后,上校被囚禁在一座城堡之中,在其人身安全和自由获得保证后,他选择了投降。虽然他是国王的同党,受到当局的监管,但他还是得以在特伦特的家里平静地生活着。查理自然对他非常信任。上校热情地接待了国王一行,然后将他们藏了起来。

温德姆上校本人公开找船护送国王去法国是非常危险的行为。于是,他托付一位信得过的朋友前往离他家最近的海港,看看他能做些什么。这个港口便是莱姆港,有时也称"莱姆里吉斯"。莱姆港距特伦特约二十五英里,位于特伦特西南、埃克赛特以东。多年前,查理的母亲正是在埃克赛特躲避敌人的追杀。莱姆港与埃克赛特的距离也是大约二十五英里。

于是,温德姆上校的那个朋友来到莱姆港。很快他便在那里找到一个有艘小船的人,那艘船经常在莱姆港和法国的一个港口往返运送货物。经过调查,温德姆上校的朋友发现那个船长——如果能称他为"船长"的话——是执行这次任务的合适人选,于是便和他见了一面。交谈中，他问船长什么时候去法国。船长回答道，装满一船货物可能还需等一段时间。

"你愿不愿意载人？"温德姆上校的朋友问道。

"人？"船长吃惊地说。

"是的，有两位先生想偷偷渡海，他们愿意支付五十英镑，你只要让他们在彼岸任何一个港口登陆就行。你愿意带上他们吗？"

船长觉得此事关系重大。政府已经发布捉拿国王的悬赏公告——他们把国王叫"查理·斯图亚特"，同时还在抓捕参与伍斯特战役中的其他领导人。严禁船舶载人过海，处死任何藏匿国王或协助国王逃脱的人。然而，船长最终还是同意了，上校的朋友认为船长这么做一方面是因为付给他高额的报酬，另一方面是因为他支持斯图亚特王室的事业。最后，船长甚至答应立刻备好船。

他们认为国王在莱姆港登船是不明智的，海岸东几英里处有个叫"查茅斯"的小村庄，那里有一条直接通向大海的小河，还有一个足以让他们约定的小船靠岸的码头。双方一致同意在约定的那天，国王和威尔默特勋爵先来到查茅斯，找一家小客栈住下来，而船长则会在当天晚上悄悄地驶出莱姆港赶往查茅斯。同时，国王和威尔默特二人可以在客栈内严密观察外面的情况，如果当他们看到来船的灯光时，他们便要赶到码头准备登船，接着船长会立即开船驶向远方。

于是，上校的朋友返回了，然后把定好的计划告诉了温德姆上校，而船长则秘密着手准备出海的一切工作。船长的行为非常隐蔽，骗过了所有人，可是唯独没有骗过他的妻子。妻子总能通过丈夫表情来察言观色，一旦发现有不妥之处，就知道丈夫有什么事瞒着她们，而其他人则没有这样的本事。尽管背负着巨大的心理负担，但白天的时候，男人们总能够轻易装出一副若无其事的样子，可是到了晚上回到家里，他们便会本能地卸掉一半的伪装，此时夫妻之间的关心会很容易穿透剩下的那一半。至少这件事就是如此。船长的妻子察觉到丈夫心里藏着什么事情，恍恍惚惚，心不在焉。她观察着丈夫的一举一动，发现丈夫正在为出海做准备。于是她问丈夫发生了什么。丈夫说他不知道什么时候才会有货，他想尽早做好准备。然而，妻子对他的回答并不满意。她更加警觉起来，到了约定出发的那天晚上，船长发现根本无法避开妻子，于是他索性直接告诉妻子他打算过海峡办点儿私事，但他很快就会回来。

她断然说他不能去。她说她知道此事会毁掉他和他的家庭，她绝不会让丈夫拿自己的生命和她的安危为代价去做危险而叛逆的事情。她把丈夫锁在房里，当丈夫坚持让她放自己出来的时候，她声称如果他执意要去，她便立刻向当局告发，把他抓起来。于是，船长只好放弃计划，不能如约前往查茅斯码头。

与此同时，国王和威尔默特勋爵按照约定来到查茅斯，和其他人住在同一家客栈。当时全国一片沸腾，人人都在谈论伍斯特战役和国王的出逃，他们还特别提到克伦威尔正在南部海岸集结的远征军。远征的目的地是泽西岛，那里的人民仍然支持王室的事业，而克伦威尔则想通过远征让他们臣服。所有这一切产生的喧嚣使国王和威尔默特勋爵焦急万分。在他们经过的那些村子，人们聚集在一起，有人在宣讲取得的胜利和未来所要采取的措施。有个地方竟然还敲着钟放着炮庆祝国王的死去，传言说国王已经被射杀，他们所有人都信以为真了。

然而，这两个逃亡者还是安全抵达了客栈，安顿好马匹后，他们便开始焦急地等待来船的灯光。他们一直密切注视着，但始终没有看到灯光；午夜来临时，还是没有等来载他们离开的船舶。他们等了一个又一个小时，直到天要破晓，他们意识到，这次渡海前往法国没有任何希望了，只能放弃行动。然而，他们也不能在客栈多待一天，因为这样有可能会引起别人的怀疑，于是他们

第八章 国王逃至法国

决定继续前进,在其他邻近的镇子寻一处临时避难所,然后派一名随从返回温德姆上校家,看看到底出了什么状况。几天的时间就这样在询问、协商和拖延中过去了。然而,他们得到的结果却是放弃在莱姆港登船的打算。在这种情况下,他们只能沿着海岸继续向东前进,寻求另外一名保皇党人的保护,此人便是甘特上校,也许他能在当地的某个港口把他们送出去。不管怎样,该计划似乎能让他们摆脱笼罩在莱姆附近的危险氛围。

他们从查茅斯离开是非常幸运的,因为他们躲过了敌人的搜捕,逃过了一劫。原来那天晚上,就在国王的马被关进马厩里的时候,有人请来铁匠为自己的马钉马掌。钉完马掌后,铁匠开始查看马厩里的其他马掌,当走到国王的马跟前时,马掌的状况和样式引起了他的注意,他告诉和他一起来的人那匹马走过很长的路程,而且他敢保证那匹马的四个马掌均出自不同的地方这样的话在第二天便传开了,尽管这只是琐事,但百姓们的神经当时高度敏感,这种神秘事件足以引起他们的注意。他们纷纷赶来想看看那匹马及其主人,可是他们却发现马和人都已经消失得无影无踪。于是,他们断定那个陌生人肯定是国王,或者至少是哪个乔装打扮的大人物,接着他们便四处搜寻,但是国王早已隐匿行踪,找不到了。

在这段时间，国王悄悄地辗转于一个个支持者家里，遭遇了无数困难险阻，简直是九死一生，最后他来到肖勒姆附近，这是位于萨塞克斯沿岸的一个镇子。甘特上校在这里找了一艘满载着煤的小船，它准备沿着海岸向西行进至距怀特岛不远的普尔港。甘特上校已经和船长谈妥，船在行进的过程中偏离原来的航线，越过海峡把客人送至法国。接着煤船再次返航，重新驶向原来的目的地。船主和负责指挥船舶的船长都是保皇党人，但是他们并不知道他们此次送的客人就是国王。在之前商议行动的时候，他们只是被告知送的客人是从伍斯特战斗中逃脱的两名有身份的人而已。然而，当船长和国王见面的时候，他一眼便认出了国王，因为他曾经在跟随老国王作战时见过查理。但这并不影响他帮国王登船渡海。他说他非常高兴冒着生命危险拯救尊贵的国王陛下。接着他就开始准备登船的各项事宜。

满载六十吨煤的小船开进了布赖特赫姆斯通的一个小港湾，位于肖勒姆以东几英里处。船靠上了海滩，退潮时就搁浅在那里。国王和威尔默特勋爵趁暮色来到这里，用一架梯子登上煤船，之后迅速进入船舱藏起来。涨潮的时候，船长轻而易举地从沙滩起航，载着尊贵的客人沿英格兰海岸驶向怀特岛，这里是此次航行原定的目的地。船长不希望肖勒姆那里的人发现航线有所改变,因为那样会引起怀疑,从而招致追捕、搜查。于是,他还是向西航行了一阵子,尽管这样做不但不会缩短反倒会延长航行的距离。

他们起航出发的时候是上午 7 时。10 月的微风从北面吹来,缓缓地推着船沿海岸行驶;到了下午,怀特岛已经清晰可见。船上一共有五名船员、四个成年男子和一个男孩。船长来到船舱见国王,为了安全考虑,同时为了避免水手们反对改变航线,他建议现在必须马上做一件事,那就是国王和威尔默特勋爵应该向他们提议将船驶向法国,请他们帮忙对大副施加影响,争取他的同意,因为到目前为止大副本人还毫不知情。对于那些水手们而言,此次出海航行只是像往常一样前往普尔港,这两个陌生人只是随行的普通乘客而已。所以,船长认为,如果国王能够通过承诺或奖赏先把水手们争取过来,那么他们遇到的困难会小一点儿,接着他们可以一起争取大副的同意,到时候万一大副不情愿,他也别无他法,只能答应改变航线。

国王他们觉得这个计划可行。于是,他们俩来到甲板上的水手们跟前,信心十足地说他们并不是什么普通客人,而是商人,只是不幸背负债务,不得不暂时离开

查理二世

英格兰一阵子。他们还说他们在法国鲁昂存了一笔钱已经到期,所以非常希望越过海峡抵达迪耶普或者鲁昂附近的某个港口。同时,国王强调,之所以把实情告诉他们,是因为希望大家一起说服大副。接着,他们拿出不少钱请水手们喝酒,但也没有多得让水手们怀疑这两位陷入困境的商人的身份。

只要给水手们点儿钱,他们很容易被说服。水手们纷纷表示同意,接着国王和威尔默特勋爵去向大副表明自己的想法。大副极力反对。他认为那样会延误行程,招致很多不必要的麻烦。可是国王和威尔默特勋爵再三请求,水手们也出面帮忙。当时海上天气晴朗,风平浪静,越过海峡很容易,等他们上岸后,大副可以调回航

第八章 国王逃至法国

线,向目的地驶去。最后,大副终于同意,于是小船改变航线,调整船帆,向法国海岸的新目的地驶去。

此时是下午 5 时。英格兰海岸很快便消失在地平线上,到了第二天早上黎明时分,他们已经能看到法国海岸。他们在一个叫费康的小港口靠向岸边。然而他们还未靠岸风就停了,他们只能抛锚,等涨潮将船推进港口。就在此时,另外一艘向岸边驶来的船把他们吓坏了。他们以为那是一艘西班牙船,这艘船的出现一下子让气氛紧张起来。由于当时法国和西班牙两国正在开战,他们担心会被西班牙船俘虏。另外,船主害怕自己被抓,所以他坚持迅速返回英格兰海岸,因为尽管当时的风向不能让他们如愿进入海港,但却非常有利于他们离开。国王和威尔默特勋爵商议了一下,决定乘坐小艇上岸。他们很快便和水手们达成交易,让水手们划船送他们上岸。于是,他们匆匆从船上下来坐上小艇,划着船桨冲过波涛汹涌的海峡向岸边驶去。

费康港位于法国北部海岸,是一个名不见经传的小港口。图为早期的费康港。绘于 19 世纪,绘者信息不详

他们距离岸边有两英里，不过他们还是安全地上了岸。水手们返回船上。那艘西班牙船原来是一艘准备进港的商船，没有任何危险。于是，那艘英国船再次越过海峡，向最初的目的地驶去。此时，国王和威尔默特勋爵终于可以不再担惊受怕，他们穿着奇怪的英格兰服饰走进村子，向客栈走去。

斯图亚特王朝复辟

精彩看点

国王的新烦恼——身在巴黎——努力寻找摆脱败落命运的办法——查理和母亲意见分歧——离开巴黎前往荷兰——克伦威尔之子理查德——议会重掌大权——议会与军方的冲突——兰伯特——蒙克将军的谈判——国王的声明——国王复位

第九章 斯图亚特王朝复辟

通常情况下,在读故事的时候,读者总是会对主人公怀有同情心;无论主人公值不值得同情,读者都会对他的遭遇感同身受,深受他的喜悦和悲伤的影响。在不幸的伍斯特战役后,当与查理在英格兰一起经历种种冒险的人们发现国王最终在法国海岸安全登陆时,自然无比高兴。查理终于摆脱了身处英格兰那种令人绝望的困境,心里一阵狂喜。然而狂喜过后冷静下来的时候,他很快就意识到他没有任何理由为现状和前景而欣喜若狂,尽管与之前所发生的事有所不同,但从本质上来讲仍然十分凶险。事实上,他将面临从始至终充满烦恼的十年艰辛、贫困和流亡。

很快,一系列新的烦恼便降临在国王的身上。那天早晨上岸后,国王和他的同伴便来到一家客栈,可是由

查理二世

于他们穿着英格兰下等人的衣服,而且护送他们上岸的船很快就返航了,所以客栈当他们是英格兰小偷,不让他们进去。他们只好请来附近的乡绅,并向他们表明了自己的身份,这样难题才迎刃而解,最迫切的愿望才获得满足,甚至有人为他们提供了前往巴黎的交通工具。当然,这个羽翼未丰的流亡国君受到了母亲的热情欢迎,但其他人对他的到来没有那么强烈的反应。既然查理最终选择离开英格兰,他的追随者自然就彻底放弃了支持他复辟的事业。以克伦威尔为首的共和党人建立了非常稳固而高效的政府。欧洲诸国很快便发现他们不得不重视该政府。由于英格兰政府建立在彻底废除王权的基础上,所以任何为斯图亚特王室成员提供庇护的国家都会招致巨大的政治危机。在这种情况下,查理很快便发现他不可能在法国宫廷长时间地受到欢迎。

蒙旁西耶女公爵(安妮·玛丽亚)不同角度的画像。绘于1840年,绘者信息不详

然而,他还是在巴黎待了一段时间,努力想办法摆脱自己落魄的命运。安妮·玛丽亚还在巴黎,于是国王试着继续追求她。安妮·玛丽亚听着国王讲述英格兰的冒险和出逃,其间就连查理都一度觉得安妮·玛丽亚在鼓励他,让他注意安全。事实上,查理认为一切都尘埃落定,是时候重新向她求婚了。然而,安妮·玛丽亚却在与他最后一次谈话中进行了澄清,他这才幡然醒悟。她说她认为查理最好回英格兰,"要么人头落地,要么黄袍加身。"其实,安妮·玛丽亚此刻已经有了新计划,满脑子想的都是嫁给路易十四,尽管路易十四的年龄比她要小得多,但已经到了可以结婚的年纪,她只是把查理当作众多爱慕、追求自己的普通一员而已。最后,她

竟然冷漠地告诉查理不要频繁地来看她，就这样，查理的所有希望化为乌有。

除了他所忍受的痛苦外，查理和母亲意见也不一致。母亲是非常虔诚的天主教徒，而他却是新教徒，尽管是出于政策上而非原则上的新教徒，但查理在这件事情上的态度非常坚决。在弟弟妹妹们的教育问题上，查理和母亲的意见也存在分歧。他们二人均受困于金钱，也正是这个原因，他们在出入傲慢自大的社交圈时经常会遭受各种窘迫尴尬。最终，国王决定离开巴黎，前往荷兰寻找更加舒适的避难之所。

查理的妹妹和妹夫奥兰治亲王总是对他和其他家人非常关切。现在，雪上加霜的是，奥兰治亲王死了，政府的权力落到他人手中，玛丽发现她没有了影响力和地位，身份无异于平民。她原本打算继续保护哥哥，可是新政府却惧怕克伦威尔的势力。同时，克伦威尔也给新政府传话，任何收留斯图亚特王室成员的政府，英格兰都会视为向英格兰宣战。于是，荷兰新政府通知查理他必须离开，到其他地方寻找避难之所。查理溯莱茵河而上来到科隆，据说查理在那里找到一个寡妇，那个寡妇给他提供了一间房子，但没有收他的任何钱财，因为寡妇相信查理所说的日后定会把钱还给她的承诺。一般来

查理二世的妹妹玛丽与妹夫奥兰治亲王

说，信任那些被暂时大获全胜的共和政府驱逐出境的欧洲君主是没有什么风险的，因为他们迟早会重登宝座。

　　无论如何，查理最终登上了宝座，但他重获王位的方式却出乎所有人的意料。为了清晰地了解事件发生时的情况，读者务必想起我们之前讲过的事情，那就是议会废黜了国王查理一世，并将他送上了断头台。查理一世死后，议会自然成为代表英格兰最高权力的机构。然而，克伦威尔领导的军队在很短的时间内发展壮大，实力强大得连议会都控制不了。最后，克伦威尔以护国公的名义开始独揽大权，解散议会，将议员们赶走，统治英格兰多年，他死后，他的儿子理查·克伦威尔试图取代他的地位。然而，理查的才能和精力远逊于他的父亲。他很快发现，在如此动荡的时代，他根本治理不了国家。于是，他遭到废黜，而之前被克伦威尔解散的议会重新执掌大权。

　　接着，议会与军方再次爆发冲突。军方在兰伯特的领导下，势力越来越强大。一天，议员们准备集会商讨事情，兰伯特下令在通往议会的所有街道上设置关卡，待议员们到来时将他们统统赶回去。议长乘车来到时，兰伯特命令他的士兵将马头调转，迫使他们返回。尽管没有造成任何公开的暴力冲突，但议员们却害怕了，他

克伦威尔为实现独裁驱散议会

们不得不放弃行使权力的机会。不过，他们仍然保留自己的主张，并在全国各地积极努力恢复议会的作用。与此同时，以兰伯特为首的军方指定了一个类似参议会的机构，并赋予它至高无上的权威。

从查理一世死亡到查理二世复辟，这段时间发生的事情不胜枚举，我们只用一本书很难尽述。同样的道理，

兰伯特

第九章 斯图亚特王朝复辟

我们在这本书中很难讲完各派的纷争。但读者千万不要相信期间出现过的所谓的共和政体。真正的共和政体是指政府将国事管理权公正坦诚地交给全体人民,由人民管理,并且在人民做出决定之后,政府愿意接受。自耶稣诞生,这样的政体在欧洲任何一个国家也许都不存在。当然,共和国时期的英格兰也不例外。许多人希望生在共和时代,并能以共和党人自居,但是他们的计划——如果确实是他们的计划——却从未得到任何尝试,因为计划很可能是行不通的。不管怎样,他们根本未曾尝试过。查理一世从斯图亚特王朝继承的王权从未交给人民。最后,这种权力却被国内早已存在的各种势力瓜分,他们把能得到的都据为己有。议会从查理手中夺取王权,军方从议会那里将其夺走,奥利弗·克伦威尔从军方将其夺走。克伦威尔认为只要他还活着,就会一直掌握权力;他死后,就把权力传给儿子理查德。然而,理查德却没有拥有它的能力。此时议会便以辅助者的身份出现,把权力从理查德手中夺了过来,而军方再次将其夺走。最后,蒙克将军登上苏格兰的历史舞台,这点我们马上就能读到。他率军南下英格兰,在数以百万计早已厌倦这种政权无尽更替的人的帮助下,他将权力从军方手中夺走,交还给议会,条件是最终把它交回到国王手中。所以,共和政体自始至终根本就不存在。

共和政体是否应该建立?这一点根本无法确定。想要把政权公正、真诚地交到英格兰人民手中,把全体人民组织起来,实现人民的决定,由人民控制立法和行政,其实都面临难以克服的困难。英格兰人民发现无法忍受国王的暴政和压迫,于是就揭竿而起,推翻君主制。接着,至高无上的权力从国王手中转移到议会;接下来,议会就像国王一样行使至高无上的权力,广大人民群众依然过着受压迫的日子。有很多地位、爵位较低的人身居要职,但他们只是代表某个党派,他们所行使的权力仍然是王权,而不是公正地赋予他们的共和国权力。因此,尽管共和国时期出现了许多共和党人,但共和政体绝没有形成。所有的欧洲革命向来如此。在美国,立法机关和国家的行政官员只是代理人而已,广大民众可以通过他们实现自己的愿望,大选中的那几百万张选票才是真正控制一切的权力。但是克伦威尔、拿破仑、拉马丁、卡芬雅克以及其他的统治者,不管他们以何种形式的选举就职,他们最终都是依靠武力而不是选票维持权力。所以,在欧洲未来很长一段时间内,人们会继续沿用这种方式维护统治者的权力。

我们必须言归正传,回到我们所讲的主题。兰伯特

第九章 斯图亚特王朝复辟

领导的军方是在 1659 年解散议会的。当时,整个英格兰四分五裂,有的支持议会,有的支持军方,有的则支持国王。苏格兰有位非常著名的将军,叫蒙克。克伦威尔将他留在苏格兰治军。蒙克将军年纪已经很大,性格沉稳,行事小心谨慎。所有的党派都希望得到他的支持,但他却保留自己的想法,不公开支持任何一个党派。

蒙克将军

最后，他终于开始集结军队，准备进攻英格兰。不过，无论谁问他有何打算，他总是不给予肯定的回答。他花了六个星期的时间准备远征。期间，各党派的代表向他提出许多建议，他们都迫切想得到他的帮助。他接待了所有的党派代表，倾听了所有的建议，但却没有给他们明确的答复，而是继续为远征做着准备。最终，大军集结完毕。由于他要离开苏格兰，所以他对苏格兰的各项政务做了妥善安排，之后他便率军出征了。

1660年，蒙克将军进入英格兰，接着向伦敦推进。尽管英格兰军队驻扎在全国各地，但蒙克开启了与军方领导人以及议会代表的谈判。谈判过程中，他没有对任何一方做出绝对承诺，便成功恢复了议会。议员们顺利在伦敦集合，开始行使议会的权力。当时，他们的安全由驻扎在伦敦的一支英格兰部队保护。接近伦敦的时候，蒙克派人给议会送信，要求该部队的军营让给他的军队使用。为了维护权力，议会极力安抚蒙克将军，于是就同意了他的要求。接着，蒙克率军顺利进入伦敦，并占据了所有重要要塞。获得议会的授权后，他牢牢地控制了这些要塞。他仍然没有透露自己的最终目的。没有任何一个党派表现出强烈反对他的态度，因为它们根本不知道要当他是朋友还是敌人。然而，全国上下的保

第九章 斯图亚特王朝复辟

皇党人重新鼓起勇气，普遍希望恢复王权。议会因此废除了反对斯图亚特家族和王室的关键决议。议会以各种借口清除了最有影响力的几个共和党人，而那些众所周知的忠于国王的人取代了他们的职位。最后甚至连议会也解散了，同时发布命令选举新的议会，其形式与以往的议会一致。

新议会召开会议的时候，人们的情绪高涨，尽管没有一个人公开提出国王复辟的事情，但每个人都隐约看到了国王复辟的希望。下议院进行的第一次表决显示，人们对君主政体持支持态度。议会召开几天后，有人通报门口有一位使者带来了国王的信件。该消息令众人狂喜。随后便立即召见那位使者。议会当场宣读了国王的信件，议员们则全神贯注地听着。

首先，国王派使者带来的是一封信，国王在信中提到他听说英格兰人民已经按照以前的形式恢复了议会，他希望议会能够继续努力，完成已经开始的好头，通过归还王位来治愈英格兰所受到的创伤。

使者带来的第二件东西是一份所谓的声明，这也是最重要的一部分。在声明中，国王正式宣布了他复辟后的打算。其中一项保证就是，他将忘掉过去，不追究那些因持不同立场而使他震怒的人。他声称，除了议会不能赦免的人外，他愿意赦免所有人。声明还提出，由于全国存在不同的宗教信仰，所以如果复辟成功，无论是他还是他的政府有怎样的宗教信仰，他都会给予臣民宗教信仰自由，不会因为宗教信仰不同而剥夺任何人的自由。

最后，国王在声明中承诺，尽管内战期间罚了政治犯的款，没收了政治犯的财产，财产所有权发生了重大变化，但国王本人不会改变财产现状，而是按照议会确定的方式和原则解决财产方面的问题。

国王的信件，尤其是那份声明，令议会非常满意。对于那些担心人身自由和财产的人来说，声明消除了他们的恐惧，否则他们可能会站出来反对国王的复辟。读完信件后，议会下令马上公布于世，送往全国各地，所到之处，一片欢腾。接着，议会通过决议，恢复英格兰古老的宪法，以国王为首的政府，上下议院等机构，正式宣布查理二世为王。

议会立即拨五千英镑供国王直接支配，这笔款相当于现在二十多万美元。议会还拨大量钱财供王室家族成员使用，同时派由高级官员组成的委员会携钱财前往荷兰，恭迎国王回国。当这些消息传到欧洲大陆时，人们纷纷向国王陛下献殷勤。国王发现他从被人忽视、贫穷、艰辛的窘境中一跃而至成功的巅峰。向他伸出援手

流亡期间的查理二世

的人们蜂拥而至,向他表示敬意。国王落难时,他曾经向一位年轻女士求婚,却遭到拒绝,现在那位女士高傲的母亲向国王暗示,如果他能够重提旧事,他们愿意接受他的求婚。

一支舰队越过英吉利海峡来接国王,并护送他到伦敦。国王的弟弟约克公爵詹姆斯以英格兰海军大臣的身份随侍左右。舰队向多佛港驶去。蒙克将军来到多佛恭迎国王上岸。他一路护送国王到达伦敦。在经历多年的流亡之后,查理国王终于在 5 月 29 日抵达伦敦,这一天正好是他 30 岁的生日。

第九章 斯图亚特王朝复辟

蒙克将军以他的才能、技巧和完美的安排，在没有造成任何冲突和杀戮的情况下，完成了这场巨大的变革，将军本人也因此受封为阿尔伯马尔公爵。这是非常隆重的回报。事实上，美国人无法想象公爵封号在英国人心里是何等的荣耀与尊贵。公爵住在宫殿里，前呼后拥，支配着巨额财产，事实上，公爵相当于统治着一个小王国。他管辖的人民对他无不敬仰，其程度不亚于古人对神灵的敬畏。公爵除了不必为统治忧劳、操心和负责之外，他还拥有管理其他事务的权力。所以，对公爵来说，他的一切权力只有芬芳而没有荆棘。总之，就人间的伟大和荣耀而言，英格兰公爵的宝座毫无疑问是人类成功塑造的，集野心、财富与权力为一体的最好的东西。因此，公爵一职要比国王的宝座好得多。

有些历史学家认为蒙克将军从一开始就和国王私下达成了一致，将军帮助国王复辟，国王册

查理二世乘船由荷兰出发，返回英国恢复王位。此图描绘了当时查理二世从荷兰出发时的场景。利夫·费许尔（1627—1686）绘于1660年

封将军为公爵作为回报。其他历史学家认为，蒙克将军所做的一切全部出于自己的那份责任感，至于将军爵位的授予只是王室感激之情的自然而恰当的流露。统治世界的大人物是否善良、忠诚和爱国，读者们可能会相信，也可能不会相信，而且从程度上来讲，他们的做法也有所不同，所以读者可以选择接受不同的说法。

第十章

婚姻

精彩看点

逆境期间——亨利埃塔王后与葡萄牙公主的谈判——海军大臣詹姆斯护送母亲回英格兰——迎接母亲的壮观景象——盛大宴席——葡萄牙公主凯瑟琳——公主的嫁妆——婚姻与经济、政治利益——谈判——虚伪的查理——迎亲盛况——卡斯尔梅恩夫人

第十章 婚约

在查理国王处于逆境期间，他多次想找个妻子，但都以失败而告终。那些他想追求的年轻女士都拒绝了他。在当时那个年代，婚姻几乎是一场交易，完全受制于政治。查理所有的求婚都是想借助女方的财产或家族影响巩固自己的政治地位。他认为，他的王后——哪怕只是名义上——应配得上他国王的身份。然而，他追求的那些女士却不愿意为之而付出，因为她们本人或者她们的朋友都认为查理复国的机会十分渺茫，而且通过婚姻成为他的妻子后，王后的那个空头衔远不如成为富有的女继承人那么有价值。

然而，国土复辟之后，这一切都变了，他在追求女性方面根本不存在任何困难，摆在他面前的只有选择。事实上，流亡期间，他曾经追求过但遭到拒绝的那几个人，当她们看到国王成功复辟后，她们的想法随之发生了变化。其中有一个，我们在上文中已经提到过，她通过朋友向国王转达，如果国王有意重提旧事的话，肯定会顺利得多。查理既不屑又愤怒地拒绝了这种示好。

最终，国王娶了葡萄牙公主。公主的父亲是葡萄牙国王，登基前他的头衔是布拉甘扎公爵。公爵女儿名叫凯瑟琳，史称"布拉甘扎的凯瑟琳"。

据说这桩婚事是亨利埃塔·玛丽亚首先提出来的，她最主要的动机便是确保查理娶一位信奉天主教的妻子。而布拉甘扎的凯瑟琳恰恰就是天主教徒。亨利埃塔·玛丽亚十分重视宗教信仰问题，如果有可能的话，她希望全家以及子孙后代甚至整个英格兰回归古老的宗教信仰，而她的这份希望无疑是出于善意。至于能否成功，她儿子的婚姻问题关系重大。

据说，国王登上宝座后不久，也就是1660年，亨利埃塔王后在回英格兰的时候就已经做好了与葡萄牙公主谈判的安排。5月，查理登上王位；10月，王后来看望自己的儿子。当然，一家人在经历了常年的危险、贫困与艰难后，当这位寡居的母亲看到孩子们重新得到在她看来本应属于他们的权力的时候，那种强烈的喜悦之情溢于言表。查理登上了英格兰王位，约克公爵詹姆斯

布拉甘扎公爵

受封为英格兰海军大臣——英格兰海军的最高指挥官；其他在世的孩子都平安无事。她的心里自然充满了自豪与喜悦。

她的儿子英格兰海军大臣詹姆斯从海军中挑选了一批最好的船组成舰队，从多佛出海，越过英吉利海峡，迎接母亲回英格兰。王后准备在加来登船。[①] 在许多朋友的陪同下，王后从巴黎来到加来，她的朋友想分享王后恢复权力的喜悦之情；除此之外，她们还想亲眼看见登船仪式中英格兰舰队调遣时的壮观景象。

冷风急浪无时无刻不在激荡英吉利海峡的海水，许多安然横渡大西洋的乘客在越过这道狭长水域的时候，他们不得不饱受颠簸之苦。然而，在亨利埃塔·玛丽亚横渡英吉利海峡的时候，海水却异常平静。聚集在码头前观看王后登船的民众注视着面前的海水，他们发现当时风平浪静，水面宛如镜子一般，离岸边不远的英格兰舰队倒映在水中，如同镜中的景象。那是十月一个风和日丽的早晨。当时似乎没有一点儿风。为了庆祝这样的盛况，英格兰舰队装饰着数不尽的旗子，但所有的旗子都垂在桅杆和绳索上一动也不动。一股小波浪偶尔漫上沙滩，早晨的空气似乎静止了，离岸边很远的回声，小

[①] 想要了解著名的加来港，详见《苏格兰女王》。——原注

担任海军大臣期间的詹姆斯

舟行过时桨入水的声音，顺着平静的水面传出好几英里。据说，为了向王后致敬，她登船时响起的礼炮声，三十英里外的多佛都能清楚地听到。

尽管英吉利海峡风浪平静得超乎寻常，但当时的氛围并不是那么寻常。众人登上船舶，扬起风帆，舰队以难以察觉的速度非常平缓地驶离岸边。那天，他们行驶了数英里。晚餐的时刻到了，他们发现海军司令已经为他们准备好了丰盛的佳肴。然而，入席就座之际，公爵突然意识到，这天是天主教徒的斋戒日，他的母亲和随从是天主教徒，斋戒日只能吃鱼，而他的手下全是新教教徒；由于没有考虑到斋戒日的问题，所以船上没有准备可供天主教徒食用的鱼。尽管如此，公爵还是想方设法为王后弄来一条鲟鱼。于是众人落座。王后开始享用为她准备的食物，王后的随从则只能吃一些面包和蔬菜以及天主教允许的食物，而公爵则与其他人共同享用原本为客人们准备的美味。

在顺风的情况下，从加来到多佛只要三个小时就够了。而约克公爵在这样的天气条件下整整花了两天时间才渡过海峡。无论如何，他们还是到了终点。国王正站在码头迎接自己的母亲。看到她的儿子——现在的国王陛下亲自前来迎接，亨利埃塔王后自然非常高兴，但在登岸的那一刻，她的内心肯定在哀悼死去的丈夫，因为多年前她与丈夫正是

第十章 婚约

在这里道别的,也正是从那个时候他们一家人的苦难历程开始了。查理把母亲迎进了城堡。多佛及其附近地区的民众纷纷赶来,见证王后的到来。人们用长久而响亮的欢呼声恭迎这位母亲重归其丈夫和儿子们的国家。

多佛城堡准备了盛大的宴席。王室家族的所有人员都聚集在一起,一同出席盛宴。当然,这是一次全家欢庆重逢的盛会,但对王后来说,这也是悲痛与苦难的回忆。斋戒日已过,所以享用美食时不必忌口了,但新的问题又出现了,其根源是一样的,那就是在吃饭前的祈祷该由天主教牧师还是由新教牧师主持。哪一方都不愿意对方主持仪式。最终,这一重大问题通过这样的方式得到解决,或者说自行解决:当众人准备就座的时候,国王并没有按照天主教和家庭礼仪要求的那样让母亲祈祷为他提供精神指引,而是把自己的牧师叫了过来。接着,国王的牧师做了饭前祷告。祷告一结束,天主教牧师认为忠于自己的宗教信仰,必须马上采取行动,于是便以天主教的方式重复了一遍祷告,并在祷告结束时用十分醒目的方式在桌子上划了一个十字。获准参加此次盛宴的多佛上流社会的贵族对此感到非常震惊,因为他们将那个手势视为邪恶而危险的宗教崇拜。

王后和她的孩子们从多佛出发前往伦敦。她的儿子们尽其所能表达对母亲的欢迎。他们举行盛大的游行和庆典，为她提供无比奢华的住所；总之，想尽一切办法让她开心，让她此次行程充满欢乐。但他们的努力却是徒劳的。王后根本感受不到快乐。所到之处让她情不自禁地想起自己的丈夫，唤起了痛苦的回忆。同时，她又因为家庭问题而感到沮丧，这里我们不再赘述。王后与孩子们宗教信仰方面的分歧以及因此不断产生的问题让她极度痛苦，而且她心里跟明镜似的，因为宗教信仰问题，英格兰民众始终猜疑她，讨厌她。除此之外，尽管她的丈夫和孩子都是英格兰人，但她自己却是法国人，不管是从性格、思想、情感还是语言方面她都是一个法国人，因此待在英吉利海峡以北的地方让她没有任何家的感觉。于是，在伦敦住了几个月后，她安排好需要自己照料的一些事务，便决定返回法国。国王陪着母亲来到朴茨茅斯，王后带着亨利埃塔小公主扬帆起航，向法国驶去。据说，在她安排的所有家庭事务中，她最为关注儿子，也就是国王的婚事。后来，王后私下推进此事，最终布拉甘扎的凯瑟琳成了国王的新娘。

据记载，谈判是以这样的方式进行的：一天，驻伦敦的葡萄牙大使来到王宫，在交谈的过程中提起了国王陛下的婚事，大使认为葡萄牙的凯瑟琳公主与国王非常

1660年的亨利埃塔王后

般配,他还补充道,公主结婚时拥有相当丰厚的嫁妆。查理说他会考虑此事。于是,大使的信心更足了,就劝说他尽快推进此事。第二天,国王陛下再次接见了他。他恳请国王认真考虑这桩婚事。大使非常清楚查理肯定会盘算此事能在经济上、政治上带来怎样的好处。大使对此进行了详细分析。他说葡萄牙为公主准备的嫁妆价值五十万英镑(相当于现在二三百万美元);此外,还会将当时属于葡萄牙的许多海外领地送给英格兰国王。这些领地中最重要的是印度的孟买和非洲的丹吉尔港。当时,英格兰在印度没有任何领地。大使还提出将葡萄牙王室控制的与南美洲的巴西的贸易权转让给英格兰。

查理对这些条件非常满意。于是,他立即与英格兰重臣、著名的历史学家克拉伦登勋爵进行商议,商议后不久便召集参议会,并将此事公布于众。克拉伦登勋爵问国王是否彻底放弃了所有娶新教教徒为妻的念头。查理回答道,他根本就不知道到哪里找一位新教教徒妻子。事实也是如此,几乎所有的欧洲皇室都信奉天主教,更何况皇室成员的婚礼要讲究门当户对。不过,神圣罗马帝国倒是有几位信奉新教的公主,当此事被人提出来的时候,国王非常不屑地这样回答道,她们个个愚昧乏味,他绝不可能娶其中任何一个为妻。

克拉伦登勋爵

于是，众人便开始审视与葡萄牙联姻的经济与政治方面的利益。他们拿出地图，向国王指明作为公主嫁妆而转让给英格兰的孟买、丹吉尔以及其他领土的具体位置。这些领土的价值令政客们非常欣慰，而查理国王则对那笔钱格外感兴趣。他们说，这笔钱是历代英王迎娶王后时所得到的陪嫁数额的两倍。总之，这桩婚事的各方面都让参议会的人员满意。查理授权大臣立即展开谈判。到目前为止，查理与葡萄牙公主还未曾谋面，甚至之前都没听说过这位女士。她的个人资质，无论是从精神上还是容貌上看，似乎早已成为无关紧要、毫无价值的东西。

我们不必对此感到惊讶。查理寻找妻子的目的不是想要珍爱和呵护对方，也不是通过关爱赢得对方的关心，从而获得幸福。他的爱情——如果像他这样的灵魂能够拥有爱情的话——必须通过其他途径得到满足。他不缺少宠爱的女人，她们全是宫廷中的贵妇，尽管地位很高，但还是无法成为国王的妻子。国王的这些情事众人皆知，国王也不会刻意隐瞒，因为他早已习惯与他相关的事情以及私生活成为公众的焦点。当时，最受国王宠爱的是卡斯尔梅恩夫人。她原本是帕默太太，但国王为了给她一个头衔，就封她的丈夫为卡斯尔梅恩勋爵。

上两图为1665年的孟买;下图为17世纪的丹吉尔港

几年后她又被封为公爵夫人。她在宫廷中非常有名,被众人视为国王陛下的临时妻子。即使迎娶凯瑟琳为妻,国王也不打算改变现状。凯瑟琳会拥有国王妻子的名义,但国王则会随便拈花惹草。凯瑟琳会住在自己的宫殿,有服侍自己的人员,享受自己的乐趣,而国王本人则会继续他的私生活。

然而,查理似乎还是对即将迎娶的这位新娘的容貌有所期待。当西班牙政府得知查理准备迎娶凯瑟琳的消

1666年的卡斯尔梅恩夫人

第十章 婚约

息后,便试图阻止这桩婚姻,因为一旦葡萄牙与强大的英格兰通过联姻的方式联盟,葡萄牙的势力和影响力就一定会扩大。西班牙王室财力雄厚,但没有公主,于是西班牙政府向查理提出,如果他能够娶一位新教徒为妻,那么西班牙政府愿意给出与凯瑟琳出嫁时一样多的陪嫁。西班牙政府甚至告诉查理,凯瑟琳身体状况不佳,相貌丑陋不堪,而且出于政治考虑,国王迎娶新教徒为妻是非常不错的一种选择。葡萄牙政府则说凯瑟琳的相貌一点儿也不丑陋,并给国王送来了一张公主的画像,国王认真端详了几分钟后说她还算漂亮。葡萄牙政府还提醒查理,凯瑟琳是葡萄牙王位的第三顺序的继承人,所以查理还应该考虑考虑凯瑟琳继承王位的可能性。查理认为这一点非常重要,于是便决定继续推进与凯瑟琳的婚事,并且委派专员前往葡萄牙正式向凯瑟琳公主提婚。查理分别向年轻的凯瑟琳和她的母亲写了信。在信中,他说他希望能够得到公主的芳心。

  谈判进行了好几个月,除了那些在婚礼安排中普遍存在的涉及国家利益和男女双方个人幸福的条款之外,谈判进行得很顺畅,没有出现任何阻碍。英格兰和葡萄牙双方均派出使者,对协议和条约进行起草、讨论、修改,直到最后签署。国王的婚约向议会正式提出,议会表决通过，并发表了贺词。两国做好安排，由葡萄牙移交那些承诺给英格兰国王的海外领地；最后，陪嫁的钱已经筹备完毕，装进袋子，封住袋口，安全存放在坚固的里斯本城堡。事实上，一切进展得非常顺利，当所有一切事务安排妥当后，查理给未婚妻写了一封信，内容如下：

1661年7月2日于伦敦

尊敬的妻子：

使臣已经启程前往里斯本。婚约的签订使我感到非常高兴，另外我还派了一名仆人去里斯本，将此信呈给你，以表达我对这一结果的无比喜悦之情；此信会让公主殿下尽快来到我的身边。

我将去几个郡短巡。尽管此行会让我远离至高无上的公主殿下，但是无论身在何处，我都没有怨言，因为我的内心无法平静，非常渴望在已经属于您名下的这几个郡见到可爱的公主殿下。经过长期的流亡后，我极其渴望与我的臣民相见，我的臣民也非常渴望看到我。让我们在上帝的保佑下健康地团聚在一起，这正是我所希望的。

第十章 婚约

您无比忠诚的丈夫

国王查理

信封上是这样写的:"上帝保佑吾妻,大不列颠王后。"

认真读过此信的人都能看出其中包含着冠冕堂皇的伪善和虚假,也就是那些既枯燥又没有条理的荒诞言辞。如果想法是发自内心的,在表达的时候我们的思想自然流畅,语言简单朴实,但是在上面这封信中,我们看到的却是虚情假意,是国王一边写一边编出来的,根本不是他的情感的真实写照。在信中,国王情绪时而高涨,时而低落消沉,时而庄严虔诚,时而荒唐可笑。甚至到了现在他还和卡斯尔梅恩夫人厮混在一起,这样的事实就能再次表明查理到底有几分真情实意,也可表明他最终能为新娘带来怎样的幸福。为了让卡斯尔梅恩夫人同意这桩婚姻,国王还向她承诺一旦凯瑟琳来到伦敦,就安排卡斯尔梅恩夫人担任王后的宫廷侍女,这样他就能经常陪在她的左右。

到目前为止,在描述这场交易时我们很少提到凯瑟琳的看法,因为她和此事毫无关系。她的所有事情全部由母亲做主。她的母亲野心勃勃,精力充沛,是当时葡萄牙王国的统治者。凯瑟琳从小到大一直紧锁深闺,完全与外界隔绝,所以对于母亲的意愿,她绝对是言听计从。据说自从离开接受教育的女修道院后,凯瑟琳走出王宫的次数连十次都没有。这位天真单纯的少女急切地盼着这桩婚姻的到来,就像期待能从乏味难耐的束缚中解脱出来一样。他们给凯瑟琳看了查理国王的画像,并

1660 年的凯瑟琳公主

第十章 婚约

给她讲述了国王传奇般的历险和逃亡,为她分析了国王的勇气和力量。凯瑟琳知道的只有这些。她内心充满了孩子般对爱情、婚姻的忠诚以及幸福的美好憧憬,而且她相信美好就在眼前。因此,在她盼着起身前往英格兰的那段时间里,她的心情是焦急的,只要一想到越来越近的幸福,她的心就情不自禁地怦怦乱跳。

英格兰的高级官员桑威奇伯爵奉命率领一支军队迎接新娘回英格兰。进入塔霍河后,伯爵一行受到热烈的欢迎,场面非常宏大。一名葡萄牙大臣乘着一艘非常华丽的驳船迎接他们的到来。伯爵来到舷梯最下面的一层迎接大臣。他们二人一起登上舷梯,与此同时鸣礼炮二三十响。他们来到船舱,在盛大的仪式中就座。接着,大臣起身致辞,欢迎英格兰指挥官。桑威奇伯爵也做了回复,之后震耳欲聋的礼炮声又响了起来。

通常情况下,这种场合举行的所有排场和仪式并不是真心诚意和良好祝愿的体现,而是它们的"替代品"。桑威奇伯爵奉命将钱财和新娘一同带回英格兰,但结果却令他十分震惊,并且非常困惑,因为他发现葡萄牙女王封存在袋子里的钱已经花去了一大半,并希望按照她认为合理的价格用货物弥补花掉的钱财,剩余的则要欠上一年。在这种情况下,对桑威奇伯爵来说,他便要承

查理二世

担重大的责任,那就是要么不带新娘返回英格兰,要么只把新娘带回去。经过一番犹豫,伯爵还是决定完成此次行程,于是继续准备公主登船的各项事宜。

到了出发的那一天,公主从宫殿宏伟的楼梯上走了下来,在楼梯下与她的母亲道别。道别的时候,母亲和女儿都没有掉眼泪。公主从长长的士兵队伍中间走过,然后穿过一条条街道,所到之处洒满了鲜花,响起了音乐,跳起了舞蹈。到达码头的时候,一艘无比奢华的双桅帆船早已备好,迎接新娘和她的随从。桑威奇伯爵及

第十章 婚约

其麾下的高级军官也上了这艘船。水面上到处都是小船,河道里的船上挤满了前来观礼的民众。公主乘坐的双桅帆船来到迎接她返回英格兰的那艘船跟前,一行人沿着一架配备在船舷处的宽敞而漂亮的梯子上了船。此时,英格兰船鸣炮祝贺,岸边的葡萄牙城堡鸣炮呼应。公主的哥哥和登船送亲的女士们一一向公主道别,之后坐上双桅帆船返回,而英格兰船队则准备出发。

然而,海上的刮起了逆风,当天晚上他们被迫将船停在河道里。夜幕一降临,从这座城市的所有窗户透出

凯瑟琳公主来到里斯本的王宫广场,准备登上前往英国的帆船,去赴与查理二世的婚约。绘于1662年,绘者信息不详

的灯光，从那些停在河面上的小船、河岸两边、高地上以及城堡的屋顶上燃放的各种各样的烟火，将海岸映衬得无比辉煌。就这样，在快乐而壮观的景象中，夜渐渐地退去了。可是第二天风向还是不对，他们仍然只能停在河道里。当天，凯瑟琳的母亲派人来探望女儿，询问女儿是否安好。葡萄牙王室礼仪是不允许王后亲自来探望自己的女儿的。

第二天，由十四艘军舰组成的舰队终于可以出海了。经过漫长的航行，受过暴风雨的袭击，舰队来到了怀特岛外，约克公爵指挥另外五艘船前来迎接，最后一起进入朴茨茅斯港。凯瑟琳一上岸便写信给查理，说她已经到了。这一消息让整个伦敦一下子沸腾起来。钟声响起了，篝火在大街上点起了，家家户户灯火通明。除了国王，人人都兴奋不已。他似乎一点儿也不在意。公主到来的当天晚上，他还和卡斯尔梅恩夫人共进晚餐。五天后，国王才起身前去迎接他的新娘，而就在他启程的前一天晚上，他还与卡斯尔梅恩夫人一起用餐。

查理有几个最要好的朋友对他的行为表示不满，其他人则愤愤不平，但宫廷中围在他身边的大多数人，无论是从性格上还是行为上，都与国王十分相似，君主的所作所为只会让他们更加无德，更加堕落。国王在一支禁卫军骑兵团的

第十章 婚约

护送下前往朴茨茅斯。到那里后,他发现他的未婚妻因为低烧而卧床不起。据说这是旅途的颠簸和不适造成的,可是我们肯定都能想到其中的另外一个原因。查理立即来到未婚妻住的地方,并获准进入其卧室进行探视,在场的随从们饶有兴致地观察着双方在交流过程中的每句话和每个神情,他们想通过这样的方式来判断夫妻双方彼此留下的第一印象。众人觉得凯瑟琳长得不漂亮,因此他们自然会好奇:国王会如何对待她呢?

关于查理第一次见未婚妻时对她的印象有两种截然相反的说法。查理在写给克拉伦登勋爵的信中说道,他对公主非常满意。他承认她并不美丽,但她的相貌还是很怡人的。查理还说道:"据我观察,她的谈吐非常得体,她的声音悦耳动听,而且人也聪慧伶俐。我们仿佛似曾相识,你一定会对此感到惊讶。总之,我觉得我很幸福,我非常确定我们能够融洽地相处在一起。我没有时间继续说下去。我的侍臣侍从会把一切告诉你。"在国王给他的大臣写公函的同时,在离开新娘住所后他对他的一名侍从悄悄地说道:"确实如此,他们给我送来的是一只蝙蝠而不是一个女人。"

第二天,这对王室夫妇便举行了婚礼,他们首先很隐秘地以天主教的传统举行了婚礼,接着便按照英格兰新教的传统，在一个大厅里公开举行了婚礼。新娘穿着英格兰款式的玫瑰红长裙，上面点缀着蓝色蝴蝶结。婚礼结束后，蝴蝶结从王后的长裙上取了下来，并分发给在场的人们留念，每个人都迫切地想分到一个。男女傧相获赐昂贵的礼物。随后，众人就散了。王后仍感不适，只得回到床上，连晚饭也是在床上吃的，国王和宫中其他人坐在床边陪王后一起用餐。

过了几天，王室一行人在皇室近卫军骑兵团、马车、行李车以及各级随从的护送下，前往伦敦。王后的心中充满了幸福。那些知道王后一到伦敦就会发现真实情况的人们，都在想象着她所面临的烦忧而伤心的景象。

第十一章

品性与统治

精彩看点

凯瑟琳到达汉普顿宫——凯瑟琳与卡斯尔梅恩夫人的明争暗斗——查理国王蛮横品性——众人开始反对王后——傲慢专横的卡斯尔梅恩夫人——查理国王的放荡与堕落——瘟疫——大火——荷兰入侵——提图斯·欧茨主教阴谋——实验、女人、狗和嬉戏

第十一章 品性与统治

　　凯瑟琳到达汉普顿宫中的新家时，查理二世那些被世人所熟知的品行，便在他处理与卡斯尔梅恩夫人的关系时淋漓尽致地展现出来。汉普顿宫气势恢宏，坐落在伦敦以西几英里的泰晤士河畔。它奢华，壮观，临河而建，令人赏心悦目。为了迎接凯瑟琳的到来，汉普顿宫装饰一新，更显富丽。她的卧室及其内部陈设怎一个奢华了得！据说，她的那张床以及床上的饰品就价值三四万美元。那张床是荷兰王国在查理复辟时送给他的礼物。卧室里的幔帐是用上好的红天鹅绒做的；幔帐上面有银线绣成的精美图案。卧室里的其他物件，论奢华，亦不逊于那张床，包括镜子、价值不菲的嵌花柜子、黄金制成的卫浴、华盖、雕刻精美的椅子、窗帘、挂毯、壁画……因此，当凯瑟琳走进卧室的时候，她瞬间觉得登上了富贵的巅峰。

查理二世

刚到汉普顿宫的几个星期,凯瑟琳既没有看到也没有听到关于国王和卡斯尔梅恩夫人的事情。当时卡斯尔梅恩夫人正在自己的家里照看婴儿,孩子是在凯瑟琳到来几天后出生的。孩子出生之后,卡斯尔梅恩夫人的丈夫不久便以父亲的身份为孩子举行了受洗礼,但孩子的母亲随后又以国王儿子的身份给他举行了受洗礼,受洗的时候查理以教父的身份站在旁边。很快,卡斯尔梅恩

卡斯尔梅恩夫人的儿子,据说是卡斯尔梅恩夫人与查理二世所生

第十一章 品性与统治

夫人和丈夫爆发了非常激烈的争吵。于是，卡斯尔梅恩夫人离家出走，带走了所有的仆人和随从，以及所有的金银餐具和其他一切值钱的东西。卡斯尔梅恩夫人的丈夫非常可怜，受尽羞辱的他抛弃一切，去了法国。卡斯尔梅恩夫人搬到了里士满，并在那里住了下来，里士满距汉普顿宫不远，这样她便可以接近国王。无论发生什么，国王始终支持她，鼓励她，帮助她。

尽管品性单纯的凯瑟琳在来伦敦前坚信查理会成为真正忠实的丈夫，但实际上她在离开里斯本前已经听说了卡斯尔梅恩夫人这个名字。她的母亲曾简单地提过此事，并提醒她记住这个名字，同时要时刻提防这个女人，千万不能让这个女人以任何借口出现在她的面前。就这样，凯瑟琳搬到新家，住了六个星期后的一天，查理拿来一张建议王后安排做侍女的名单。凯瑟琳接过名单一看，国王建议的第一个侍女人选便是卡斯尔梅恩夫人，这让她感到既惊讶又愤怒。

凯瑟琳非常激动地划掉卡斯尔梅恩夫人的名字，并声明绝对不会听从任何诸如此类的建议。查理也非常生气，与她争论起来。但凯瑟琳的态度非常坚决，她告诉国王要么在这个问题上让步，要么将她送回里斯本。查理决定一意孤行，这让凯瑟琳陷入痛苦之中。就这样过了两天，查理和妻子讲和，并郑重承诺他将和卡斯尔梅恩夫人一刀两断，从此以后与她再没有任何瓜葛。

查理二世的好脾气是众所周知的。这件事就是个很好的例子。为了和睦，为了保持好心情，他从不愿跟任何人争吵，总是愿意放弃自己的立场，至少是表面上或形式上放弃。于是，当他发现妻子非常坚定地反对卡斯尔梅恩夫人成为她的侍从时，他并没有宣称妻子必须要服从他的意愿，而是主动做出了让步。虽然他信誓旦旦地说再也不会考虑此事，但他没有一点儿信守承诺的意思。他已经另有打算，既然凯瑟琳态度如此坚定，那就寻找其他办法来解决。

这件事发生后不久，一天晚上，凯瑟琳王后在一间明亮的房间里举办类似接见会之类的活动。在侍女们的簇拥下，在国王陛下的引荐下，她接见了英格兰贵妇们。这时，众人非常吃惊地看到卡斯尔梅恩夫人竟然在人群里。卡斯尔梅恩夫人走向前来，国王把她介绍给王后认识。令在场所有人吃惊的是，凯瑟琳像接见其他人一样接见了卡斯尔梅恩夫人，还把手伸给了她。其实，事情的真相是凯瑟琳不太熟悉英语单词的发音，所以没有听懂那个名字。她身边的一个侍女悄悄地问凯瑟琳是否知道那人便是卡斯尔梅恩夫人。侍女的话给凯

成为英格兰王后的凯瑟琳

瑟琳当头一棒。她非常震惊，不知所措。一股鲜血从她的鼻腔中涌出，虚弱无力的身体瞬间倒在一名侍女的怀中，接着她被抬出了房间。

此次事件之后，查理夫妇爆发了长久而可怕的争吵。查理指责妻子不可理喻、愚蠢至极的嫉妒心理，让宫廷中的一位贵妇颜面扫地，而那名贵妇必须受到礼遇，因为他决意要这么做。凯瑟琳宣称国王对她提出的要求残忍专横，她还说宁可回葡萄牙也不愿受这种屈辱。凯瑟琳指责查理，查理反过来又指责凯瑟琳，甚至威胁她。汉普顿宫之夜是在吵闹中度过的。男女侍从们议论道，当时的事情幸好没有发生在伦敦，否则更多的人将会亲眼看见这一不堪之事。

起初，有几个大臣反对国王向自己的妻子发号施令，照他们的话说，哪个妻子也受不了。然而，查理却蛮横地批评了这些大臣，同时要求他们帮忙。他们非常在意国王对他们的宠幸，所以纷纷妥协了。尽管查理性格温和，但一旦决心已定，不迫使王后顺从他绝不会善罢甘休。于是他便给克拉伦登勋爵写了一封信。在信中，国王表达了让卡斯尔梅恩夫人成为"王后身边侍女"的决心，并且还说如果他交办的事情有一丁点儿失败，他会痛苦一辈子，他甚至强调如果任何人胆敢以

第十一章 品性与统治

任何方式阻止此事,他定会让此人后悔终生。在信的结尾,他要求克拉伦登勋爵将此信让其他与此事有关的人看看,好让他们清楚自己该做些什么。

从此,人们都开始反对王后,凡是能接近她的人,都劝她顺从国王。她哀求,她祈祷,不要让她遭受这种屈辱。她有时情绪激动,难以控制;有时默默伤心流泪。她想回到葡萄牙,当然这是办不到的。最后她筋疲力尽了,卡斯尔梅恩夫人如愿以偿,成了王后的侍女,而且只要卡斯尔梅恩夫人在国王心中的地位不发生变化,她会一直以王后侍女的身份留在宫中。

卡斯尔梅恩夫人是一个美人儿,但为人傲慢专横。她很快发现她拥有支配国王的力量,于是她便开始滥用职权。最后,她成了人人仇恨的对象。她事事都要干预,甚至对国事也有较大的影响。有时,国王对她的干预实在是忍无可忍,就起来反抗,但很快就屈服了。曾经有一次,国王正在讨论把一名被指控犯有政治罪的官员投进伦敦塔。卡斯尔梅恩夫人说此人不能被送进监狱。国王指责她干预朝政,结果他们就此事产生了非常激烈的争论。国王说她是一个无理的荡妇,总是干预一些与她毫无关系的事情。卡斯尔梅恩夫人则说国王是个大傻瓜,竟然让那群笨蛋手握大权,替他做主,最终却

把忠心耿耿之人投进了监狱。最后，取胜的还是卡斯尔梅恩夫人，那名官员也无罪释放了。像这样激烈的争吵经常会发生在这对情人之间，而且结果往往以卡斯尔梅恩夫人的胜利而告终。她还经常威胁国王，如果他公然与她断绝关系，她便会使出撒手锏，即把国王写给她的信公之于众，而这一招总能让国王顺服。

　　这些事件表明，查理自由散漫，无拘无束。于是，他处理感情问题时的劣势更严重了。要不是他生性坦率，他原本可以处于非常有利的境地。事实上，他与周

第十一章 品性与统治

伦敦塔位于泰晤士河畔,始建于征服者威廉时期,是英国伦敦一座标志性建筑,曾作为堡垒、军械库、国库、铸币厂、宫殿、天文台、避难所和监狱,特别关押上层阶级的囚犯。图为一幅雕版画,泰晤士河畔的伦敦塔,塞缪尔·巴克(1696—1779)绘于1737年

围人的关系非常随便,从来都不拘小节,经常和他们开玩笑,反过来别人拿他开玩笑的时候,他都能和善地接受。所以,他的玩笑、嬉戏以及恶作剧总会让整个宫廷的人们感到非常兴奋,同时会让那些不苟言笑之人感到惊讶万分。

事实上,查理国王的性格中似乎没有什么严肃的成分存在。比如,他非常喜欢狗,而且还培育了一种特殊品种的狗,这种狗被称为"查理二世长毛狗",曾经有一阵子,查理在自己的宫殿,甚至在自己的卧室养这种狗。这些狗大小不一,数量众多,弄得所有的房间臭气熏天,令人难以忍受。除此之外,查理还悬赏寻找跑掉的那些狗。总是有狗跑走丢失。他走到哪儿就把这些狗带到哪儿,在和大臣们开会讨论国家最严肃最重大的利益问题的时候，他总是和桌子底下的狗嬉戏玩耍，自娱自乐。他以滑稽可笑的方式在议会上讲话，也就是君主在议会召开时所发表的简短演讲。在教堂里，他的注意力根本不会专注于宗教仪式，相反他总是与卡斯尔梅恩夫人在他与侍女们之间的帘子里玩躲猫猫游戏。但是他却假装出一副非常虔诚的基督教信徒的样子，他不反对任何极端堕落的行为，但他却不赞成婚姻欺骗。有一次，当一位无神论者长时间详细描述他反对基督教信仰的理由的时候，查理反驳道："我的大人，我比你年长，听过的无神论观点比你多，但是活了这么多年我早就明白那些真是无稽之谈，没有任何道理可言，我希望你也能活得长久一点，有时间搞清楚。"

查理统治期间的几个阶段里，他把大量时间浪费在闲散无聊的消遣上。他在宫殿里到处闲逛，在网球场打网球，随后会称称自己，看体重有没有增加，就像个孩子似的。每天下午和晚上，他都会来到自己宠爱的几个女人的房间里，看着她们穿衣打扮。他好赌成性，而且经常在疯狂的午夜酒宴上喝得烂醉如泥。他总是在林荫路上和公园里游荡，在池塘边给水鸟喂食，就这样他极为兴奋地日复一日地虚度光阴，就像个逃学的孩子。他无拘无束、自由自在地到处闲逛，并以人们认为与国王

第十一章 品性与统治

身份行为极不相符的方式结交那些身份卑微之人。

查理的弟弟,也就是约克公爵詹姆斯,有时会就此事与他争论。只要王后——查理的合法妻子——没有子嗣,那么詹姆斯会理所当然地成为下一个王位继承人。詹姆斯在哥哥的宫廷中度过了一生中的大部分时间,他们是兄弟,也是非常要好的朋友。有一次,查理出宫游玩,当詹姆斯发现查理已经出宫很远,身边没有合适侍卫保护时,他便对查理说,国王这样抛头露面可能会

复辟成功后查理二世

导致生命危险，这令他非常担心。国王却告诉詹姆斯不要感到任何不安。"你大可放心，没有人想要杀掉我让你来当国王。"

有时，别人也会跟他开类似的玩笑，他也会坦然接受。一天，国王和王宫里一名放荡不羁的人聊天，他们相互开了一阵玩笑后，国王说道："啊！沙夫茨伯里，我确定你就是我的王国中最讨厌的一条狗。""是的，"沙夫茨伯里回答道，"对于狗统治之下的狗来说，我想我是最讨厌的一只。"

王宫的庭院里有一只调皮而难管的山羊，它的名字叫老罗利。宫廷里的侍臣们觉得它的性格像极了查理国王，于是便用山羊的名字称呼国王。查理不但不生气，有时也跟着起哄。一天，国王正要走进几个侍女的房间，只听里面传来了歌声，原来侍女们荒唐地把他唱成了那只山羊。于是国王敲了敲门，侍女们便问谁在敲门。"还能有谁，当然是我老罗利，"国王回答道。

国王的有些回答是非常机敏的，他因此享有较高的声誉，世人称他为"智者"，然而他的行为、治国理政的能力却恰恰相反，与其身份极不相符，从而给世人留下了截然相反的印象。一天，宫廷中的一位才子为他写下了一段墓志铭，并将其贴在门上，内容如下：

查理二世与弟弟詹姆斯

这里是国王陛下的安息之地，没有人相信他的话；他从未说过一句愚蠢的话，也从未做过一件明智的事。

国王看到才子写的铭文时，读过后说："是的，的确如此。但主要原因是，事是大臣们做的，而话是我说的。"

事实上，查理很少管理国事。他非常喜欢修建宫殿和船舶，为此不惜花费巨资，但这些既不明智也不审慎。克里斯托弗·雷恩爵士是一位著名的建筑师，他曾为国王陛下造过一座宫殿。查理去视察时，嫌宫殿太矮小。克里斯托弗爵士摆出一副高傲的样子，四处走了走，抬头望着屋顶对国王说，他觉得宫殿已经够高了。克里斯托弗爵士的个子非常矮，于是查理尽量弯腰屈膝，让自己看起来和建筑师一样高，接着模仿克里斯托弗爵士的样子，非常滑稽地在房间里走了一圈，他说道："哦，是的，现在我觉得这里确实够高了。"

这些工程计划以及他在无数情人身上的大肆挥霍，耗尽了他的钱财。于是，他经常陷入窘迫的境地。他经常敦促议会增加税收，然后不停地向议会要钱，直到连

克里斯托弗·雷恩爵士

自己——用他本人的话说——都无颜面对议会。人们用漫画将国王画成一个穷光蛋，口袋翻在外面，靠乞讨度日。还有一幅漫画把他画成这样的形象：两个女人牵着他朝前走，另外一个女人还威胁他，他的神情是那么无助，那么悲痛。

国王善良地容忍了这一切，很显然只要让他纵情享受放荡和堕落的生活，让他继续不顾一切地在宫殿里嬉戏游玩，那么他就心满意足了。史学家们在史书中的那些庄严说法是不可信的。比如，据说有个小偷乔装打扮成一名绅士混进了王宫的会客厅，并设法偷走了一位在场官员的金鼻烟壶。当他自以为神不知鬼不觉大功告成的时候，他一抬头，却发现国王正在盯着他看。那个小偷了解国王的性格，于是非常镇定地向国王眨了眨眼睛，示意国王为自己保密。国王点头表示同意，然后小偷就大摇大摆地带着"战利品"离开了。当那名官员发现自己的金鼻烟壶不见的时候，他表现出来的困惑和吃惊着实让国王高兴了一阵子。随后，国王告诉他再怎么找也无济于事，因为半个小时前小偷就已经把它拿走了。"我看见那个小偷了，"国王说道，一脸开心的样子，"但我无能为力。因为刚才的那个小偷把我当成了他的同伙，你知道的，我当然不会背叛他。"

第十一章 品性与统治

　　一般情况下,一个国家在这样的国王领导下,政务很难井井有条地得到处理。不过,在查理的大臣们的努力下,政府还是正常运转着,其效率也不逊于当时的欧洲各国政府。值得一提的是,查理统治期间发生了三次严重的灾难,而且每次灾难都不一样,尽管这些灾难不能归咎于查理国王本人,但是当人们回忆起这段历史的时候,他们总是会把灾难与查理的统治联系在一起。这三次灾难分别是瘟疫、大火和荷兰入侵。

　　从前,伦敦经常暴发瘟疫,那种场面非常恐怖,令人难以想象。他统治期间的那场瘟疫和大火,都是有史以来最严重的一次。当时,伦敦很容易受到瘟疫、饥荒和火灾的侵袭。成群的人们聚在一起,他们的生活既不舒适也不卫生,更谈不上有良好的组织管理。他们就像牲畜一样活着。他们的居住地臭气熏天,于是传染病有了可乘之机,继而损害了成十上万人的健康。事实上,瘟疫是大自然提供的一种疯狂而恐怖的补救行为,让人类医治那些无法医治或不愿医治的痛苦。当人类忽视了理性,违背了道德,当原本可以避免的邪恶入侵使社会陷入悲惨的境地,越来越多的有组织的人类群落消失了,取而代之的是道德腐败的成群"牲畜"。这时,作为最后手段的瘟疫和热病便登上历史舞台,一边补救,一边惩罚；它们带着宇宙中的神秘法则，永远致力于保护人类，即通过非常可怕的方式减少过剩的人口，同时使活下来的人恢复理想。

1665年，伦敦大瘟疫爆发了，也就是伦敦发生大火的前一年。当时的场面之可怕，根本无法用语言来形容。据说，那场瘟疫夺去了十万人的生命。如果房子里有人感染瘟疫，房子就先被划上红叉，接着被封起来。所有的人都被关在里面，听天由命。每天牛车都从寂静的街道上经过。收尸人用干草叉收集那些从房子里拖出来的尸体，他们边走边喊："把死人拖出来。"有时，他们甚至会把活人误当成死人装进牛车。伦敦的托特纳姆考特路上有座雕像，是为了纪念当时的一个故事而修建的，故事是这样的：有个无家可归的苏格兰的风笛手悲惨地在街道上游荡。他孤身一人，只有一支风笛、一只小狗与他为伴。在这场瘟疫中他幸免于难——这种人往往会在恐怖至极的灾难中活下来。他来到一个公共建筑物前，躺在台阶上睡着了。到了晚上，收集死尸的牛车在火把的照亮下出现了，一个收尸人看见台阶上有个死人，便用干草叉挑住那个可怜的流浪汉的腰带，连同他的风笛一起装进了牛车。风笛手的小狗拼命地护着主人，但无济于事。牛车轰隆隆地往前走去，收尸人跟着

1665年，伦敦爆发了大瘟疫，收尸人把病死的人装上牛车

牛车走在两旁，继续搜寻尸体。此时，牛车猛烈的晃动、路面的颠簸惊醒了风笛手，他坐起来，试图恢复意识。他环顾四周，想要弄明白他在什么地方，于是便本能地动了起来。突如其来的声音吓坏了收尸人，他们把牛车扔在街道中间，四散而逃。所有神秘事物都能带给人类恐惧。面临危险时，那些看似勇敢无畏的人们，一听到出乎意料的声响，就会吓得魂飞魄散。许多人吓疯了，精神错乱了，有的在街上狂奔，有的自杀身亡，有的母亲杀死自己的孩子，他们愚蠢地想通过这种疯狂而绝望的举动摆脱可怕的瘟疫。

理智尚存的人都避免跟别人接触和交流。即使是在乡下交换物品的时候，他们都要想尽一切办法避免与其他人接触。如果交易的地方有一块石头，售卖物品的人会将兜售的东西放在那块石头上，然后自行离开，想买东西的人便会走过来，拿走东西并把钱放在原地。

伦敦大火发生在1666年。大半个伦敦被烧毁。大火是一家面包店不小心引发的，当时店内堆放了一大堆柴。大火迅速向面包店周围的建筑物扩散，火势很快就无法控制了。伦敦的房屋大都很简陋，密密麻麻地挤在一起。街道十分狭窄。火借风势，以令人难以置信的速度烧向远处。人们似乎全都陷入了恐惧和绝望之中，到

第十一章 品性与统治

1666年伦敦大火

处是尖叫声、哭喊声。天空被火焰映得通红,如同熔化的青铜。大火就这样一直烧了四天四夜。整个城呈现出一片难以描述的可怕景象。火焰燃烧时发出的噼啪声,女人和孩子们疯狂的尖叫声,屋顶、塔楼、墙壁可怕的坍塌声,为了阻止火势蔓延用炸药炸毁房屋时可怕的爆炸声,构成了令人胆战心惊的景象。那些亲眼看见灾难的人们,多年之后仍然受到可怕的梦魇的折磨。为了铭记这场灾难,人们在那间面包店原址上修建了一座纪念碑。事实上,那场大火被认为是所有火灾中最严重也是最可怕的一次,直到拿破仑时期莫斯科大火发生,从某种程度上来说,莫斯科的受灾程度超过了伦敦。

荷兰的入侵是查理统治期间的第三大灾难。敌船沿着泰晤士河、梅德韦河而上，梅德韦河是泰晤士河的一条支流。在河口附近的希尔内斯，敌人占领了一个堡垒，随后夺取了存放在那里的大量军用物资，放火烧了军火库。随着一声可怕的爆炸声响起，整个堡垒变成了废墟。荷兰人打开了通往伦敦的道路，如果英格兰人无法阻止他们，他们就长驱直入了。为了阻止荷兰人入侵的步伐，英格兰人沉船堵塞了河道，并且用一根坚固的铁链将所有沉船拴在一起，铁链的两端固定在岸上。不过，荷兰人冲破了这道防线。荷兰人趁着涨潮进了河道，在大风的帮助下，一举冲破铁链，安全地越过沉船，继续沿河而上。伦敦陷入了恐慌。河道里只留下几艘英格兰战舰和几艘荷兰船，那几艘荷兰船是以前缴获的，作为战利品开进了泰晤士河。这些船全部落入了荷兰人之手，荷兰人将其付之一炬，其中有一艘叫"皇家橡树号"。

大难就要降临伦敦了，到处都是疮痍。每个人都将这次灾难怪罪在国王的头上。他们认为，国王把原本用来建造战舰和防御工事的钱全都挥霍在罪恶的享乐上，而且他们还认为，正是由于国王混乱的统治，才导致了敌人的入侵。尽管英格兰人民公然谴责国王的行径，但他们还是积极行动起来，反抗敌人的入侵。

荷兰入侵期间英国舰队与荷兰舰队发生战斗

于是他们将更多的船沉入河道，并且修建炮台，架起大炮。最终，他们阻止了敌人的进一步入侵，敌人的战舰只能被迫撤退。

国王查理二世统治时期还发生过其他一些事，只要人们一想起来，便心生不悦。其中有一件事很不同寻常，史称"提图斯·欧茨阴谋"。据说这是一个阴谋，由天主教徒策划，想置查理国王于死地，让查理的弟弟詹姆斯取而代之。大家应该还记得，詹姆斯是天主教徒。这一阴谋是提图斯·欧茨说的，因为很多人一开始都信以为真，所以造成了无尽的麻烦。但后来证实，阴谋是欧茨杜撰的，根本没有任何根据。事情的经过是这样的：

查理国王不是一无是处，其实他算得上是一位不错的化学家和哲学家。他有个实验室，还有实验时候随侍左右的科学家。其中有个叫柯比的人，他非常聪明，态度温和，取得了许多研究成果。查理一生的大部分时间都用在了实验与哲学研究上，同时他积极劝说别人从事科学研究。当时英格兰有个小社团，成员由哲学家组成，他们有时在牛津聚会，有时在伦敦聚会。该社团的主要目的是为实验提供器具和设备，同时交流他们的实验结果。国王将该社团纳入自己的名下，并给予赞助，也就

第十一章 品性与统治

是说查理把社团变成了自己的。查理给社团命名为"皇家学会",批准了它的章程。根据章程,该学会成为永久性机构,拥有很大的权力。自那以后,该学会成为世界上最著名的学术团体之一。这成了查理二世国王统治期间让人想起来感到愉快的为数不多的一件事。

我们还是回来说说柯比吧。一天,国王带着一群随从在公园里散步。通常情况下,随从要和国王保持一定的距离。柯比先生走上前去,神秘而严肃地请求国王不要离开行进的人群,因为国王有生命危险。"陛下,请您和大家待在一起,"柯比说道,"你的敌人想要设计谋害你。你很有可能会在这次散步中遭到袭击。"查理并没有那么容易被吓到,他非常镇定地听着柯比所说的一切,并要求柯比做出解释。柯比说,天主教徒阴谋置查理于死地,还说有两个人奉命刺杀查理,为了使计划万无一失,故人还打算毒死他。柯比揭发道,王后的医生就是奉命执行后一项任务的人,一个叫汤博士的牧师非常了解阴谋的所有细节,如果国王当天晚上召见他,他肯定和盘托出。

国王答应了柯比的请求,当晚柯比就把汤博士引见给他。一见到国王,汤博士便打开带来的一大堆文件读起来,可是查理根本没有心思听,他满脑子都是第二天的计划，他打算前往温莎，去看看他下令为宫殿几个房间新添的装饰品。国王根本不相信有任何阴谋。的确，在当时那个年代，阴谋很常见，但谣言和没有真凭实据的阴谋更常见。在天主教信仰和新教信仰的问题上，人们容易情绪激动，而许多重大利益完全取决于最高统治者的立场，因此任何与宗教有关的事情都给人以神秘的敬畏感，人们往往会把最离奇的谣言信以为真。在我们描述的那个时代，人们对宗教信仰问题十分敏感，因为正统治英格兰的查理国王代表着一种宗教信仰，而他的弟弟，也就是下一个王位继承者詹姆斯则代表着另外一种宗教信仰。查理的死亡——这种事情随时都有可能发生——肯定会引发一场宗教变革，这使所有人都处于一种异乎寻常的敏感状态。一方面，设计阴谋具有很大的诱惑，另一方面，揭露这些阴谋的渴望也很强烈。谁要是能讲出与那种阴谋有关的故事，无论是真实的还是虚构的，他都会立即成为举足轻重的人。

查理非常清楚是怎么回事，他根本不想关注汤博士的那些文件。国王说他没有时间看这些文件，接着就令丹比勋爵调查此事，丹比勋爵是宫中的一名官员。汤博士把文件都交给了丹比勋爵，而国王却在第二天去温莎视察宫殿中的新壁画以及其他装饰物去了。

丹比勋爵

据说，丹比勋爵当时正被指控任职期间玩忽职守，因此当他接手这个案子时非常高兴，他急盼着能出点儿什么吸引人的事情，这样人们就会转移注意力，不再老盯着他玩忽职守的事。因此，丹比勋爵非常认真地听了汤博士的描述，仔细询问了许多问题。汤博士告诉勋爵，那个阴谋不是他亲耳听闻，他拿到的包含所有信息的文件不知是谁从他家前门扔进来的。他怀疑是一个叫提图斯·欧茨的人干的，他从前是天主教牧师，而且现在仍然与天主教徒有一定的联系，因此很有可能了解他们的企图。

不久，汤博士和丹比勋爵又见了一面，他告诉勋爵他的猜测是正确的，那些文件正是提图斯·欧茨起草的，提图斯·欧茨知道此次阴谋的所有细节，但他并不敢公之于众，因为他怕那些密谋者杀人灭口。丹比勋爵把调查结果禀告国王，并劝国王将之视为头等大事予以解决。然而国王对此表示怀疑。他嘲笑勋爵的认真和担心。丹比勋爵建议召开参议会，好将此事转交给议会，但这一提议遭到查理的反对。他说这件事不能告诉任何人，包括理查国王的弟弟，因为这只会让臣民们更加激动和惊慌。尽管目前没有人想杀他，但是这没准儿会促使某些人动起那个心思。

第十一章 品性与统治

尽管国王决心隐瞒，但谣言却四起，致使人心惶惶。很快，约克公爵也知道了此事，并给予了高度关注。由于他是天主教徒，作为王位继承人，总有些人想把他和企图除掉自己哥哥的天主教阴谋扯在一起。他下令调查此事。没过多久，模糊而夸张的谣言便在人群中四散传播，这自然引起了更大的焦虑和恐慌。那个年代的政治和宗教仇恨带来的痛苦相当巨大，没人知道像这样的密谋会导致怎样的迫害和屠杀。欧茨这么做的唯一目的就是让别人关注自己，同时通过揭露所谓的阴谋而得到奖赏，现在他对自己的表现非常满意，他点的这场火正迅速烧起来。随后参议会召开，他也被要求参加。可是还没到开会时间他就去拜见了一位治安法官，谎称阴谋是真实存在的，并把他发现的所谓证据全都交给了法官。法官是埃德蒙兹·戈弗雷爵士。接着，一件与他有关的非同寻常的事件发生了，使人们对虚构阴谋更好奇了。

根据欧茨的杜撰和描述，此次阴谋的规模相当庞大。教皇是阴谋的主使人。他说教皇曾与罗马一群见多识广的神学家们谈到这一话题，他们认为英格兰的君主和大多数百姓放弃了真正的宗教，信奉了异端学说，于是君主就失去了作君主的资格，君主所统治的几个国家便也失去了教皇的信任，应当由教皇采取任何方式收回

查理二世

权力。之后，取得英格兰统治权的教皇任命耶稣会——一个庞大的宗教组织，势力遍及多数欧洲国家——"占领"英格兰。要想成功，必须除掉国王。他们筹集了大笔钱财，作为杀死国王的报酬；他们向王后的医生提出，如果他能够毒死国王，便能得到一万英镑的奖赏。可是医生坚持要一万五千英镑，最后双方达成了一致，他们向医生预付了五千英镑。除了谋杀国王，他们还将暗杀大量新教徒。比如，根据欧茨对阴谋的描述，

第十一章 品性与统治

伦敦有两万多名天主教徒准备在事先计划好的某个夜里起事,每个天主教徒要杀死 5 名新教徒,他们觉得轻易就能得手,因为新教徒们将在毫无防备的情况下遭到袭击,并被缴械。成功后,教皇将把王冠作为礼物送给查理的弟弟约克公爵,如果约克公爵拒绝按照教皇认为合适的条件接受皇冠,那么他也会马上遭到暗杀,之后教皇将对整个国家另做安排。

议会非常仔细地询问了欧茨,他的讲述常常自相矛盾,在他讲到那些不在场的人或编造的某些事发现场的时候,他的说法更是漏洞百出,这足以证明他在说谎。然而,臣民们不知道或者就算知道也根本不想考虑那些证据。他们仇恨天主教徒,急着散布消息,从而激发人民反对天主教徒的热情。于是,这件事越传越荒诞,恐慌笼罩在人们心头。事件继续

查理二世统治期间,天主教徒与新教徒明争暗斗,冲突不断,对社会的安定造成了极大破坏。这幅图出自一份 1679 年报纸,正逢宗教矛盾愈演愈烈之时,描绘了教皇游行的场面

发酵，事态日益严重，整个国家骚动不安。就在这时，雪上加霜的事情发生了，英格兰陷入了全面混乱。

这件事便是埃德蒙兹·戈弗雷爵士突然而神秘的死亡，埃德蒙兹·戈弗雷爵士就是之前听取欧茨叙述阴谋细节的那个法官。爵士先是失踪了几天，接着人们在田边的水沟里发现了他的尸体，那里虽然离伦敦不远，却很偏僻。人们发现法官的时候，他的剑插在他的胸口上。他的表和钱还在口袋里，这说明法官不是被强盗所杀。这件事使已经非常普遍的骚动更加严重，谣言迅速传播开来，说他之所以被暗杀，是因为他公然帮助新教徒揭露天主教徒的阴谋。那些愿意相信欧茨说法的人终于从法官死亡事件中找到了充足的证据。抬着法官尸体的队伍在伦敦街头庄严肃穆地缓慢前行。在葬礼上，当牧师宣布悼词的时候，两名警卫守在他的旁边，这一幕向人们暗示，如果没有警卫的保护，即使是牧师在执行世间最庄严神圣的职责时也不安全，这无疑是在向世人灌输一种思想——谨记天主教与新教不共戴天。

从那时起，骚动愈演愈烈。欧茨自然成了至关重要的人物。欧茨为了维护他取得的新地位，继续编造新的故事，新故事比之前的更可怕。新的人物也开始出现，这些人证实了欧茨的说法，甚至补充了细节，好使他们

第十一章 品性与统治

自己能像欧茨一样获得荣誉和奖赏。随着越来越多的人对新编造的故事信以为真，这些人的胆子变得越来越大了。他们所指控的人的地位身份也越来越高，到最后他们竟然开始指控王后，说王后也参与了。他们心里非常清楚，王后是天主教徒，不受多数臣民的欢迎，而且查理还有许多情人，他们认定国王不会保护王后，从而使她免受虚假指控。于是他们指控王后参与了阴谋，说她早就知道刺杀国王的计划，她还策划并指使人杀害了埃德蒙兹·戈弗雷爵士。这些指控自然引起了轩然大波，臣民们本来就倾向于相信那些事情。各种各样的调查随即展开，参议会和指定调查并裁决该案件的司法委员会对证人们进行了长时间的询问。这些调查引起了无数的辩论、争吵、指控和反控，使朝廷和国家陷入了动荡。有些人支持王后，有些人则反对她。尽管臣民们普遍反对王后，但凡是仔细倾听证据的人，都能公正地做出对王后有利的评判。证人们的证词相互矛盾，他们讲述的很多细节都是不可能发生的。然而，臣民们的想法非常固执，因为他们盲目地相信那些荒诞却能激起反对天主教的任何事情。王后很快便发现她已经成了臣民们极度仇恨的对象。

然而，国王却拒绝相信那些针对王后凯瑟琳的指控，并且为她提供了强有力的保护。国王下令严加拷问那些证人们，并亲自指出证词的前后矛盾以及那些不可能发生的事情。他说他相信王后是完全清白的，这个阴谋就是要毁掉王后。他还说："他们认为我想要换个妻子，但我绝对不会让一个无辜的女人蒙冤。"国王还对一位大臣说道，考虑到她对妻子不好，妻子因此埋怨他，但他绝对不会做那种抛弃妻子的残忍之事。

这桩虚构的阴谋导致的那些奇怪而荒唐的事写本书都绰绰有余了。故事的结局是很悲惨，并且延续了数年，很多与之无关的人遭受了灭顶之灾。欧茨和同谋的真实身份最终得以证实，他们的下场跟他们带给别人的一样。该事件是英格兰的耻辱。期间，尽管查理国王不再爱王后，但除了他拒绝抛弃受伤的妻子这桩感人之事外，再也没有什么能让人感到欣慰的事了。国王对无辜妻子的保护成了继续维系他们婚姻的纽带，在所有人都认为国王希望结束这段婚姻的时候，这样的纽带却把他们连在了一起，这似乎是出于道德的责任感，也体现了查理性格中的那种宽容和责任。尽管这种性格往往被邪恶的影响所压制，但却并没有消失，在查理国王的一生中，只要出现紧急情况，就会显现。

除了我们已经列举过的事件，查理二世统治时期还

凯瑟琳王后

出现过其他不幸的灾难性事件。其中包括失败的海战、倒霉的对外谈判以及国内危险而可耻的阴谋诡计。然而，国王却坦然地接受了这一切，并没有因为这些事而耽误自己的享乐。他把政务全权交给他的大臣和参议会，让他们去处理，而他却一点儿也不担心，只顾着他的实验、女人、狗和嬉戏。

第十二章
临终前皈依天主教

精彩看点

可怕的罪孽——幼年母亲的影响——儿时的回忆——死亡症状突然袭来——中风——国王处于昏迷状态——白厅呈现出一片混乱——国王躺在病榻上懊悔不已——天主教圣礼——精神上的解脱——短暂的快乐——停止呼吸

第十二章 临终前皈依天主教

岁月如梭，贪图享乐的国王就这样度过了生命中的一个又一个十年，直到五十多岁。他身体健康，精力充沛。他希望能继续这样一直生活下去，所以尽管已经人到中年，但他却并不想改变许多早就形成的习惯。

然而，五十四岁时查理二世突然死亡。他与他父亲的死亡一样突然，尽管两人的死亡方式大不一样。臣民们非常关注躺在床上奄奄一息的查理的情况，而国王本人想起曾经不顾一切寻欢作乐的放荡生活以及所做的一切，也十分懊悔。我们可以将所有君王的堕落和罪行分为两大类，这两大类均以不同的心灵感受为特征。有的罪恶源于灵魂中邪恶的激情，有的源于善意的不恰当表达。查理二世以可怕的罪孽结束了自己的生命，其错误和罪恶属于后者。国王时常会对他的同性朋友表现出友爱和善意，这种偏好与其君王的身份是不相称的，就连他对异性那种不道德的关系也并非完全出于自私和肉欲。在查理一生中，他对待众多情妇的方式在很多时候都是出于对她们的真心爱慕以及使她们更加幸福的强烈愿望。在他那不顾一切的贪图享乐中，我们经常能发现他受到责任的影响，他希望给周围的人带来幸福，并且公正地对待每个人。的确，这种处事的原则过于微弱，很难抵挡来自四面八方的诱惑，但它们非但从来没有停止，而且经常出现，并成功地发挥作用。总之，查理国王所犯的错误和罪行尽管非常残暴且不可饶恕，但是却源于他那份扭曲的爱和善意，而并非源于自私和仇恨；源于灵魂的仁慈，而并非源于灵魂的邪恶。对于他所犯的罪行，人们总是会温和地进行评判。我们并不知道这样做会不会起到安慰作用，但是无论如何，人们通常是这么认为的。

不管查理拥有怎样的道德原则和良知，很可能是在他幼年时受母亲的影响所致。他的母亲是一位非常虔诚的天主教徒，她坚信天主教会的仪式是非常神圣的，认真而诚实地遵照这些仪式是唯一让上帝高兴、也是唯一能使自己进入天堂的途径。她竭尽全力用这种信念以及她自认为与之有关的崇高道德和宗教原则哺育着孩子

第十二章 临终前皈依天主教

们。她的品德与精神源于她的母亲——玛丽·美第奇，是古往今来最不同寻常的人物之一。当年，亨利埃塔·玛丽亚远赴英格兰嫁给查理一世时，母亲玛丽·美第奇给她写了一封信。她先是在信中和亨利埃塔道别，然后给即将远嫁的女儿提了许多中肯的建议。各位读者一定要静下心细细品味这封信。的确，要想读懂那封信，我们就得追溯到本书主人公的祖父母辈，因为这封信很好地阐释了母亲的影响是如何一代代地传下去的，同时也在很人程度上解释了查理在弥留之际表现出的奇怪场面，所以非常值得一读。

以下是王太后玛丽·美第奇写给年轻的英格兰王后亨利埃塔·玛丽亚的一封信：

> 我的女儿，你离开了我，但我永远也不会和你分开。我把你留在我的心间，留在我的记忆中，也许这封信能让你永远记住我是一个怎样的人，这样它就能取代我的位置，在我无法亲口跟你说话的时候代替我和你说话。即将分别之际，我写此信与你道别。希望你能铭记于心，这封信是我亲手写的，这样它才更珍贵，让它更好地指导你如何对待上帝、你的国王丈

夫、丈夫的子民、你的家人以及你自己。就像我们上次交谈的时候所说的那样，我在这里真诚地把我临终之时，你若能在我身边我想对你说的话全告诉你。令我无比遗憾的是，我们将长久分离，也许今生今世再无相见之日。

在这个世上，上帝是你唯一的天父，他将永存于世，你也永远不会失去他。是上帝维系着你的生命，是他把你嫁给伟大的国王，是他让你王冠加身，也是他让你在英格兰成家立业。你应该相信，在英格兰他需要你对他表现出忠诚，同时他会拯救你的灵魂。我的孩子，请你谨记，在你生命中的每一天他都是你的上帝，他引领你来到这个世上的目的就是让你进入天堂，而且他为了自己和他的荣耀创造了你。

你的父王已经离我们远去，只留下一些我们的肉眼看不见的尘灰。你的一个弟弟还在襁褓中的时候就已经被上帝带走了，他已经得到了上帝的怜悯。上帝将你留在人世间是为了让你得到他的恩惠，但是只要上帝赋予你最大的幸福，你就理所应当以最大限度的感恩回报他。上帝赐予你的所有恩惠和垂爱无不标志着你的

1606年的玛丽·美第奇

责任增加了。千万留心不要滥用它们。认真考虑上帝的伟大、仁慈和公正是无限的，用尽全力来崇拜上帝至高无上的权力，热爱他神圣的仁慈，敬畏他严厉的公正，那些不配得到上帝恩惠的人将会受到上帝的惩罚。

我的孩子，记住我说的这些话，每一天的生活要带着善念以祈祷开始，也要以祈祷结束。坚定地以上帝的法规指引你的生活，而不能以尘世的浮华作为你生活的引导。对世人来说，尘世的浮华只是瞬间，稍纵即逝，我们根本无法得到永生，所以我们要么进入上帝的天堂，要么与邪恶的灵魂一起下地狱。

你是接受洗礼才成为教会之女的，这一点必须铭记于心，这是你所拥有或即将拥有的身份地位中第一位的，也是最高的头衔，因为只有它才能打开让你进入天堂的入口，你在人世间得到的其他那些尊贵身份永远无法从尘世间脱离出来，但是上帝赋予你的一切最终会回归原处，并将你一同带走。每天都要感念上帝，感念上帝使你成为天主教徒，如实评价源于上苍和上帝的恩惠，认真思考救世主耶稣为此所

第十二章 临终前皈依天主教

做的一切努力,付出的全部鲜血,如果上帝有生命要求,我们应该以自身遭受的苦难,甚至是流血牺牲来偿还他。把你的灵魂和生命奉献给他,因为是他用强大的力量创造了你,用他善意的怜悯完成自己的救赎。你应该向上帝祈祷,祈祷他一直庇护你,并且向他说明你宁愿舍弃生命也不愿离开他,只有这样才能让他满意。你是圣路易的后代。在这离别之际,我想让你铭记他从他的母亲布兰奇王后那里得到的教诲,布兰奇王后经常对他说:"她宁愿让他死去也不愿让他活着冒犯上帝,我们源于上帝,又最终归于上帝。"正是在这样的戒律教诲下,圣路易才开启了自己神圣的事业,也正是因为这个缘故值得他用自己的生命和统治来维护良好的信念和教会的发展。你要以他为榜样,坚定并热爱你的信仰,这一点你已经学会,为了维护这一信仰,你那高贵而神圣的祖先已经献出了自己宝贵的生命,死在异教徒手中。永远不要听信,也永远不要让别人在你面前说起任何违背信仰上帝以及他唯一的圣子耶稣的事情。我祈求圣母玛利亚惠允,成为你灵魂的圣母，并再次与你道别。

　　现在我把你献给上帝，这是我发自内心的渴望。

爱你的母亲，玛丽亚
1625年6月10日写于亚眠

　　这封信表现出的对万能上帝的忠诚和责任感以及对上帝的服从精神，从查理的外祖母传到他母亲的身上，也在一定程度上渗入了查理的血液。然而，在查理轻浮和罪孽的一生中它们只是处于潜伏甚至休眠状态，直到他弥留之际它们才再次被唤醒。

　　死亡的症状突然袭来。查理五十二岁那年2月的一天，他感觉不太舒服。然而，身体的不适并没有妨碍他在宫殿里的放荡不羁的生活。那是一个星期天。一场非常盛大的聚会如约举行，人们沉溺于赌钱以及其他方式的寻欢作乐。尽管国王抱怨身体有恙，但他还是出现在聚会中。他有点儿眩晕，没有食欲，走路也摇摇晃晃。到了午夜，当聚会结束后，查理来到旁边的一间房子里，仆人们给他准备了一些简单清淡适合于病人吃的食物，但他却吃不下。于是他便上床睡觉，但却一夜未眠。到

第十二章 临终前皈依天主教

了第二天早晨,查理起身准备自己穿衣服,可是没等穿好衣服便遭到残忍、可怕死神的使者兼仆人的致命一击,他中风了。突然,他便不省人事了,摇晃着倒了下去。

中风是可怕的,人会陷入昏迷,如同死去一般。大脑中血压升高引起了中风,根据当时那个年代的治疗习惯,要马上给中风的病人放血降血压,或者是用灼热的烙铁烫病人的脑袋从而减轻脑内的疾病。英格兰法律明文规定,在没有征得参议会同意前不得对国王使用如此极端的治疗行为。任何对英格兰国王采取此类治疗的人都将被判处叛国罪。然而,此时情况紧急,不容有任何耽搁。于是,随从们冒着生命危险用此方法开始抢救国王。他们用小刀给国王放血,用烙铁烫国王的脑袋。宫

查理二世执政期间发行的金币

中的所有人极度恐慌，陷入了混乱。人们去请王后，王后立即赶了过来。王后发现丈夫坐在椅子上，神志昏迷，一大盆血水放在他的身边，他面如死灰，不省人事，几个随从正在试图撬开他的嘴巴把汤药灌进去，还有几个人正在用红通通的烙铁烫他的脑袋，想通过这种方式唤醒他那麻木的意识。凯瑟琳被这突如其来的场面吓坏了，一下子瘫了下去，随后被众人立即送回了自己的房间。

两个小时后，国王处于昏迷状态的身体开始好转。他狂乱地环顾四周，寻找王后。随从去请王后。她不能亲自前来。但她还是让人捎话给国王，并向他表示歉意，并说她很高兴听到国王身体好转，不能亲自前来探望令她感到非常焦虑。她还补充道，希望国王能够原谅她做过的一些令他不高兴的事情。随从将王后的话转达给国王后，国王说道："可怜的女人，她竟然还乞求我的原谅！我应该真心实意地请求她的原谅。"

中风完成死神交付的任务后，便从战场撤走了，让神志不清的病人从最初的沉疴中一定程度地恢复了，但接下来他的身体会变得越来越虚弱，最后离开人世。

查理的情况就是这样。他从昏迷、神志不清中缓过来后在床上躺了几天。尽管他神志清楚，但他的身体却不能动弹。虽然他躁动不安，非常痛苦，但他十分清楚

第十二章 临终前皈依天主教

自己的身体状况，并且非常肯定他与尘世的关系即将戛然而止了，剩下的对他来说只有精神的困惑和肉体的痛苦，这段时光短暂却不平静，也许持续几小时，也许持续几天，之后他必须来到那可怕的审判席，在那里做出最后的陈述，现在为了那庄严的时刻还需要大量的准备工作。这该怎么办呢？

国王养病的白厅自然是一片混乱。侍从们来来往往地忙碌着。在庄严的参议会上，医生们就国王的病情商量着，并遵照王室的要求为国王开了药方。侍臣们如同遭到雷击一般，面对即将发生的巨变感到惊慌失措，他们的一切希望和前景将在这次巨变中烟消云散。约克公爵詹姆斯突然要继承王位，他首先想到的是保护自己的安全，接着开始为顺利登基做必要的准备。他整日整夜都在忙着挑选中意的官员，签署各类公文，安排警卫人员。缠绵于病榻的凯瑟琳因为国王即将驾崩而悲伤不已，她就要与丈夫永世隔绝了，尊贵的身份和地位就要失去了。丈夫一旦驾崩，她就会成了寡妇，在忧伤与孤独中度过余生。国王有三个情人仍然待在宫中，她们悲痛欲绝。也许她们是真心爱国王的，这一点在国王生命的最后一刻体现了出来。她们没有获准在国王身边侍奉，与国王见面的时候，只能与国王片刻相聚，然后匆匆离开，但是她们要么在附近候着，焦急地等待着消息，要么在自己的房间潸然泪下。宫外的情况至关重要。国王病重的消息迅速传遍了整个国家，引起了广泛关注，强烈的焦虑简直变成了恐惧，因为信仰天主教的人就要登基，谁也不知道接下来会发生怎样的灾难。

　　与此同时，奄奄一息的国王无助地躺在病榻上，那么痛苦，那么可怜。回想起过去的种种，他懊悔不已；面对死亡，他充满了恐惧和惊慌。他想起了妻子，想起了曾经对她做过的那些难以弥补的伤害。他想起了他的情妇和她们无数的孩子，他想象在他死后他们会身处怎样的境地。如果他能够更加世俗更加自私，他便可以少受些折磨，但是他现在却无法将那些可怜的情妇从脑海中抹去。他现在无法保证她们未来的幸福，也无法弥补曾经对她们造成的伤害，尽管他还希望弥补，但心有余而力不足了。临终时他对弟弟詹姆斯的嘱托就体现了这种愿望。他希望，在他死后，弟弟能善待他的情妇们，尤其是不要让可怜的内利[①]饿肚子。

　　这些想法让他既痛苦又不安，一想到将被上帝召唤接受审判，就更加忧苦了。奄奄一息的国王躺在病榻

[①] 也就是埃莉诺·格温。查理第一次见她的时候，她还是一位演员。——原注

查理二世的情妇内利

上，急切地想要得到，但又不敢奢望唯一的解脱——通过宗教实现自我救赎，这是母亲多年前曾试图教他去热爱的东西。举行天主教仪式是他能看到的实现自我救赎的唯一途径。的确，在查理国王的一生中，他始终是一位新教徒，但是新教信仰对他来说只是一种政治工具而已，与他的道德责任和能否进入天堂没有任何关系。他从来都没有觉得，通过新教的祭祀圣子耶稣受难时那种简单的仪式，能使人在精神上得到上帝的接纳。对他来说，英格兰新教只是一种空洞的形式，未经允许，缺乏权威，没有精神和灵魂。它只是那些不信神也没勇气的人的至爱，既空洞又无用。他一辈子崇尚奢华，就是他不推崇宗教的真实表现。但现在看来，想把宗教信仰作为一种手段，使他肮脏的灵魂与上帝和解却是一种笑话。他的宗教信仰中所有的虔诚都与他母亲有一定联系，在死神渐渐逼近时，他渴望回到母亲的怀抱，渴望有一位牧师，一位母亲曾经习惯服从的被赋予神权的牧师；这样一来，牧师便能充当他和上帝之间的调停者，从而确保其能和上帝和解。

然而，这如何做到呢？用令人憎恨的天主教支持和教唆信奉新教的国王并玷污其灵魂，是比叛国还严重的罪行。国王很清楚这一点，他知道如果把他的愿望告诉

第十二章 临终前皈依天主教

别人，那个愿意帮他实现愿望的人必定要冒生命危险。他也清楚人们对天主教信仰有多么仇恨，所以他不敢公开承认自己的信仰，他身边的种种困难彻底打消了他的这种念头。他绝望至极，任凭悄然流逝的时间迅速将他拖入坟墓。他床边的随从和侍臣中有几位是教会的显要人物。有一阵子，他的房间里共有5名主教。他们反复建议为国王举行圣礼。这是一种为君王临死之时举行的一种习惯性的仪式，被视为最后与上帝进行和解的标志，也是为升入天堂做最后的准备。可是，无论何时提出接受圣礼的建议，国王总会婉言拒绝或避而不谈。他说他"身体太虚弱""现在不行"或者"还有足够的时间"，日子就这样一天天过去了。

　　与此同时，忧虑而哀伤的王后恢复得可以过来探望国王了，她总是待在国王的病榻跟前，观察着国王的病情，为国王即将到来的命运而感到悲痛不已。然而，这些探视都当着众人的面，因为国王的病榻周围总是有很多人。还有那些侍女们，她们声称王室礼仪赋予她们一定的特权，她们必须在王后探望临终丈夫的时候陪伴在国王左右。因此，王后无法与国王独处。王后越来越焦虑，越来越痛苦，她根本没有能力采取任何沉着而缜密的行动。

在国王宠爱的女人中，最受宠爱的也许就是朴茨茅斯公爵夫人。她是在国王的帮助下获得那个地位的。她是一个法国人，最初是和一群法国宫廷的人从欧洲大陆来到英格兰的。她美丽，聪明，才华横溢，不久就成为国王的新宠。在国王一生中的许多年里，她对国王产生了严重的不良影响。她是天主教徒，所以现在她不能来到国王身边，只能独自待在自己的房间里，为即将离世的爱人而悲伤。这似乎有些奇怪，但她还是热切希望在精神上给国王提供帮助。作为天主教徒，她认为这种帮助对国王平静地离开至关重要。在她经过许多尝试均未实现目标后，她最终把国王身边的法国大使请到了自己的住所，并敦促大使采取措施拯救奄奄一息的国王的灵魂。"他从内心深处是一名天主教徒，"她说。"我十分肯定他希望接受天主教圣礼。可我什么都做不了，约克公爵公事缠身，情绪又非常兴奋，所以他不会想到这一点。但是无论如何都要采取一定的措施。"

于是大使便去找约克公爵。他把约克公爵拉到一边，非常谨慎地跟公爵谈了此事。"你说得对，"公爵说，"我们再也不能耽搁了。"公爵来到国王的房间。就在刚才，英格兰牧师们还在建议国王接受圣礼，可是国王再次婉言拒绝了。詹姆斯让他们退了下去，因为他

查理二世最宠爱的情妇朴·茨茅斯公爵夫人

想和国王单独聊几句。于是众人退了出来,他们认为公爵将和国王谈论一些国事。

"陛下,"公爵对奄奄一息的哥哥说,"您拒绝接受新教的圣礼,那您愿不愿意接受天主教的圣礼?"

听到这里,垂死之人的脸上现出一种微弱的激动的高兴的神情。"我愿意,"国王回答道,"如果能让我见到一位神父,我将倾其所有。"

"我将给您带来一位。"詹姆斯说。

"一定要带来,"国王说道,"请你看在上帝的分上。可是这样做会不会让你身陷危险呢?"

"即使献出生命,我也要为你带来一位神父。"公爵回答道。

他们交谈时声音放得很低,以免他人听到。后来,公爵说,为了让国王听明白,他不得不反复重复自己的话。很明显,国王的听觉已经开始衰退了。

此时,想要找到一位天主教神父非常困难。宫廷周围那些为大使和王后做礼拜的法国和西班牙神父都以各种各样的借口推掉了此事。事实上,他们充满了恐惧,因为此事是英格兰法令严禁的。最后,终于找到了一位英格兰神父赫德尔斯顿。伍斯特战役后,国王曾藏在赫德尔斯顿的家里。由于当时保护了国王,所以赫德尔斯

第十二章 临终前皈依天主教

顿一直以来都受到国王的保护。当大多数天主教神父从英格兰被驱逐时,他得以留下,没有遭受痛苦和惩罚。

晚上 7 时左右,赫德尔斯顿神父进了宫。神父乔装打扮了一番,戴上假发,穿上教士服,那是英格兰新教牧师们经常穿的一种衣服。因为这种非法的仪式必须严格保密,因此有必要将房子里的所有人都打发出去。于是,公爵下令说国王想要单独待一会儿,要求所有的人

赫德尔斯顿神父

都退下。当众人退出国王的病房之后,赫德尔斯顿从靠近床头的一扇小门走了进来,那扇小门一打开便是放床的地方。床的一边是一处非常狭窄的被人称为"小路"①的空间,方便他们随时撤退。随神父进来的那些人便站在那里,秘密而危险地准备着天主教徒升天时的庄严仪式。那是极不寻常的场景,一位强国的君王为了与上帝和解、实现自我救赎,竟然违背国家的法律。

他们用天主教为拯救垂死之人时所做的仪式,为无助的国王施了圣礼。对于没有任何信仰的人来说,这样的仪式是空洞的、没有任何意义的,但对于那些有信仰的人而言,这些仪式承载着深远的意义和庄严。神父脱掉新教徒徒的伪装,做了圣礼弥撒,根据天主教的观点,这是对耶稣受难的真实重现,也是对个体灵魂的特殊恩惠。接着,神父听取了忏悔者对其所犯罪行的忏悔,国王虚弱无力地按照教会规定的言辞做了忏悔,接着进行的是宽恕——在罪恶深重的人看来,那是一次真正的宽恕,是由代表上帝权威的人承认并宣布的。接下来到了"终傅"仪式,也就是临终涂油礼仪式。接受终傅圣礼时,一小瓶圣油会涂抹在垂死之人的眼睑、嘴唇、耳

---

① Ruelle 为法语词,意为"小路"。床边的这个地方在当时经通常是指后门。——译者注

查理二世骑马画像

朵和双手上，作为这些器官最终得到净化和神化的标志，因为这些器官是人一生中实施罪恶的工具。终傅是最后的仪式。所有的仪式结束后，奄奄一息的国王认为一切都已妥当。他已经完成了赎罪，所犯罪行得到了宽恕，无论是从肉体上还是精神上，他已经实现了净化。圣礼持续了四十五分钟，圣礼结束后，房门打开，侍从和陪伴国王的人获准再次进入房间。

时间在黑夜中一点点流逝，尽管查理国王精神上得到了解脱，但身体的疼痛愈加严重。到了早晨，当感觉到天亮了的时候，国王吩咐侍从拉开窗帘，好让自己最后再看一眼太阳。但这只是短暂的快乐，因为他疼痛难忍，焦躁不安。他的疼痛不断在加剧，旁边照料他的人决定再次给国王放血。尽管这样的行为缓解了他的疼痛，但也耗尽了他的力气，很快他便无法开口说话，无力地躺在那里，几乎失去了知觉，渴望只有死亡才能带给他的那种解脱。这种情况一直持续到正午，然后他停止了呼吸。

附录
专有名词汉英对照

查理二世	King Charles the Second
查理一世	King Charles the First
查理王子	Prince Charles
亨利埃塔·玛丽亚	Henrietta Maria
赫斯	Heth
迦南人	Canaanite
新教徒	Protestant
伦敦	London
威斯敏斯特	Westminster
圣詹姆斯宫	St. James's Palace
普利茅斯	Plymouth
圣保罗大教堂	St. Paul's Cathedral
英格兰	England
基督教	Christian
法国	France

威尔士亲王	Prince of Wales
威尔士	Wales
议会	Parliament
天主教	Catholic
耶稣	Christ
大英博物馆	The British Museum
纽卡斯尔勋爵	Lord Newcastle
苏格兰	Scotland
奥特兰兹	Oatlands
爱德华·尼古拉斯	Sir Edward Nicholas
迈斯特·尼古拉斯	Maister Nicholas
玛丽	Mary
奥兰治亲王	Prince of Orange
威廉	William
约克公爵	Duke of York
詹姆斯	James
国王詹姆斯二世	King James II
伊丽莎白	Elizabeth
亨利	Henry
朴茨茅斯	Portsmouth
伦敦塔	Tower of London
白厅	Whitehall
卡莱尔夫人	Lady Carlisle
下议院	House of Commons
泰晤士河	River Thames
汉普顿宫殿	Hampton Court
玛丽公主	Princess Mary
多佛港口	Dover

附录 专有名词英汉对照

约克城	The city of York
荷兰	Holland
伯灵顿	Burlington
麦克	Mike
查理国王	King Charles
埃奇山	Edgehill
肯顿	Keynton
沃里克郡	Warwickshire
萨默塞特宫	Somerset House
牛津	Oxford
护国公	Protector
奥利弗·克伦威尔	Oliver Cromwell
埃克塞特	Exeter
阿宾顿	Abingdon
艾塞克斯	Essex
布里斯托尔	Bristol
杰弗里·哈得逊	Geoffrey Hudson
白金汉	Buckingham
克罗大茨	Crofts
莫顿夫人	Lady Morton
达特姆尔森林	Dartmoor Forest
法尔茅斯	Falmouth
彭德尼斯的大城堡	Pendennis Castle
迪耶普	Dieppe
英吉利海峡	English Channe
波旁温泉疗养院	Baths of Bourbon
巴黎	Paris
卢浮宫	Louvre

塞纳河	Seine
亨丽埃塔·安妮	Henrietta Anne
皮埃尔	Pierre
康沃尔郡	Cornwall
锡利群岛	Scilly Isles
泽西岛	Jersey
凡尔赛	Versailles
班菲尔德	Banfield
格洛斯特	Gloucester
卡里斯布鲁克城堡	Carisbrooke Castle
枫丹白露	Fontainebleau
路易十三	Louis XIII
路易十四	Louis XIV
奥地利	Austria
安妮	Anne
加斯顿	Gaston
奥尔良公爵	Duke of Orleans
蒙旁西耶女公爵	Duchess of Montpensier
亨利四世	Henry IV
蒙黛瓦塞利	Mademoiselle
安妮·玛丽亚·路易莎	Anne Marie Louisa
舒瓦茜公爵夫人	Duchess de Choisy
安妮·玛丽亚	Anne Maria
舒瓦茜酒店	Hotel de Choisy
威尔士亲王	Prince of Wales
鲁珀特王子	Prince Rupert
圣杰曼城堡	St. Germain's
巴士底	Bastille

圣杰曼	St. Germain
海牙	Hague
参议会	Council
爱尔兰	Ireland
杰曼勋爵	Lord Germain
佩罗讷	Peronne
贡比涅	Compiegne
博斯科贝尔	Boscobel
詹姆斯六世	James VI
爱丁堡	Edinburgh
斯昆	Scone
保守党	Cavaliers
圆颅党	Roundheads
塞文河	River Severn
伍斯特	Worcester
德贝伯爵	Earl of Derby
吉福德	Giffard
彭德尔	Penderel
理查德·彭德尔	Richard Penderel
理查德	Richard
威尔默特勋爵	Lord Wilmot
威尔·琼斯	Will Jones
马迪利	Madely
伍尔夫先生	Mr. Woolf
卡莱斯上校	Colonel Carlis
威廉·彭德尔	William Penderel
达姆·彭德尔	Dame Penderel
莱恩上校	Colonel Lane

莱恩夫人	Mrs. Lane
威廉·杰克逊	William Jackson
诺顿夫人	Mrs. Norton
莱	Leigh
波普	Pope
温德姆上校	Colonel Wyndham
特伦特	Trent
莱姆港	Lyme
莱姆-里吉斯	Lyme-Regis
埃克赛特	Exeter
查理·斯图亚特	Charles Stuart
查茅斯	Charmouth
肖勒姆	Shoreham
萨塞克斯	Sussex
甘特上校	Colonel Gunter
布赖特赫姆斯通	Brighthelmstone
怀特岛	Isle of Wight
普尔	Pool
鲁昂	Rouen
费康	Fecamp
理查德·克伦威尔	Richard Cromwell
兰伯特	Lambert
斯图亚特王朝	Stuart dynasty
蒙克将军	General Monk
拿破仑	Napoleon
拉马丁	Lamartine
卡芬雅克	Cavaignac
阿尔伯马尔公爵	Duke of Albermarle